H

THOREAU

Balade d'hiver
Couleurs d'automne

Établissement de l'édition,
traduction de l'anglais (États-Unis), notes et postface par
Thierry Gillybœuf

Couverture de
Olivier Fontvieille

ÉDITIONS MILLE ET UNE NUITS

HENRY DAVID THOREAU
n° 529

Textes intégraux

Le présent recueil a été établi d'après :

« *A Winter Walk* », *The Dial*, 1846
et « *Autumnal Tints* », *The Atlantic Monthly*, 1862.

Notre adresse Internet : www.1001nuits.com

ISBN : 978-2-75550-028-8

Sommaire

Henry David Thoreau
Balade d'hiver
page 7

Couleurs d'automne
page 39

Thierry Gillybœuf
De Zénon à Kerouac
page 99

Vie de Henry David Thoreau
page 107

Repères bibliographiques
page 111

HENRY DAVID THOREAU

Balade d'hiver
Couleurs d'automne

Balade d'hiver

Le vent a murmuré délicatement à travers les jalousies, soufflé avec autant de douceur qu'une plume contre les fenêtres et, de temps à autre, soupiré tel un zéphyr estival qui soulève les feuilles, toute la nuit durant. Le campagnol s'est endormi dans sa galerie douillette, creusée dans l'herbe, la chouette s'est perchée sur un arbre creux au fin fond du marais, le lapin, l'écureuil et le renard sont tous rentrés dans leurs terriers. Le chien de garde est resté couché bien sagement devant l'âtre, et le bétail est demeuré silencieux dans son étable. La terre elle-même s'est endormie, comme si c'était son premier et non son dernier sommeil, sauf quand une enseigne ou une porte en bois égaye la nature livrée à son travail de nuit, en faisant grincer ses gonds – seul bruit perceptible entre Vénus et Mars –, nous prévenant de l'existence d'une lointaine chaleur intérieure, une divine communauté enjouée, où les dieux se réunissent, mais où les hommes se retrouveraient totalement à découvert. Mais, tandis que la terre a sombré dans le sommeil, des flocons duveteux animent le ciel, comme si régnait une Cérès[1] du grand Nord, semant ses graines argentées sur les champs.

Nous dormons et finissons par nous éveiller à l'immobile et silencieuse réalité d'un matin d'hiver. La neige s'étend aussi duveteuse que du coton ou tombe sur l'appui de la fenêtre. Le large châssis et les carreaux givrés laissent passer une faible lueur tamisée, qui renforce l'ambiance douillette régnant à l'intérieur. Le calme et le silence du matin sont impressionnants. Le plancher craque sous nos pieds quand nous gagnons la fenêtre pour regarder au loin, par-delà l'étendue dégagée des champs. Nous voyons les toits crouler sous leur fardeau de neige. Aux gouttières et aux clôtures pendent des stalactites de neige, et dans la cour se dressent des stalagmites dissimulant ce qu'elles abritent en leur sein. Les arbres et les arbustes tendent des bras blancs vers le ciel dans toutes les directions. Et là où se trouvaient des murs et des clôtures, nous voyons se déployer des formes fantastiques et folâtres dans le paysage encore sombre, comme si la Nature avait, pendant la nuit, parsemé les champs de nouvelles ébauches susceptibles de servir de modèles à l'art humain.

Nous ouvrons la porte en silence, en prenant soin

1. Dans la mythologie romaine, cette fille de Saturne et d'Ops (ou de Vesta ou de Cybèle), associée à la déesse grecque Déméter, était la déesse de l'agriculture, des moissons et de la fécondité.

de laisser tomber le monceau de neige, et faisons quelques pas dehors pour affronter l'air cinglant. Les étoiles ont déjà perdu un peu de leur éclat, et une morne brume de plomb ourle l'horizon. Une blême lumière d'airain à l'est annonce l'approche du jour, tandis qu'à l'ouest le paysage a encore quelque chose d'indistinct et de spectral, noyé dans une sombre lumière tartaréenne, pareil au royaume des ombres. Les seuls bruits que l'on entend ont l'air de venir des Enfers – les coqs qui chantent, les chiens qui aboient, le bois qu'on coupe, les vaches qui meuglent, tous ces bruits semblent provenir de la basse-cour de Pluton et d'au-delà du Styx[2] –, non pas qu'ils aient quelque chose de mélancolique, mais tout ce remue-ménage au crépuscule est trop solennel et mystérieux pour la terre. Les traces fraîches du renard ou de la loutre, dans la cour, nous rappellent que chaque heure de la nuit est le témoin d'une foule d'événements, que la nature vierge est encore à l'œuvre et qu'elle laisse des traces dans la neige. En ouvrant le portail, nous marchons d'un pas vif sur le chemin désolé à travers la campagne, en faisant craquer la neige sèche sous nos pieds, ou alors nous sommes arrêtés net par

2. Dans la mythologie grecque, cette Océanide, fille d'Océan et de Téthys – ou bien d'Érèbe et de Nyx –, personnifie le Styx, l'un des fleuves des Enfers, qui séparait le monde terrestre du royaume souterrain.

le bruit sourd d'un traîneau, devant la porte du fermier matinal chez lequel il a dormi tout l'été, en rêvant au milieu des copeaux et du chaume, qui s'apprête à partir pour le lointain marché. Et, à travers les monceaux de neige et les fenêtres saupoudrées de blanc, nous voyons la bougie du fermier allumée dès potron-minet, comme une étoile pâlotte, émettant un unique rayon, comme si une austère vertu y sonnait mâtines. Une à une, les fumées commencent à s'élever des cheminées au milieu des arbres et de la neige.

La fumée monte en lourdes volutes d'un profond vallon,
Explorant le ciel engourdi à l'aube,
Et nouant lentement connaissance avec le jour ;
Prenant tout son temps pour suivre son cours,
Folâtrant au gré d'un entrelacs flâneur,
Suivant un but aussi incertain, avec des gestes aussi lents
Que son maître à moitié réveillé près de l'âtre,
Dont l'esprit encore endormi et les pensées engourdies
Ne se sont pas encore engouffrés dans le courant
[ascendant
Du jour nouveau : la voici qui flotte au loin,
Tandis que le bûcheron d'un pas résolu
S'en va donner le tout premier coup de hache.
Pour commencer, dans l'aube encore noire, il envoie
Son éclaireur matinal, son émissaire, la fumée,
Tout premier et tout dernier pèlerin du toit,
Palper l'air glacé, informer le jour ;

Et tandis qu'il est encore blotti près de l'âtre,
Sans trouver le courage d'ouvrir la porte,
Elle est redescendue dans le vallon au gré de la brise
[légère
Et sur la plaine, a déroulé sa guirlande aventureuse,
Drapé la cime des arbres, flânoché sur le morne
Et réchauffé les ailes de l'oiseau matinal ;
Et dans la matinée frisquette, peut-être a-t-elle
Aperçu le jour aux confins de la terre
Et salué l'œil de son maître devant sa porte basse,
Comme un nuage resplendissant tout en haut du ciel.

Nous entendons le bruit du bois que l'on coupe derrière les portes des paysans, de l'autre côté de la terre gelée, le chien qui aboie et, dans le lointain, le clairon du coq – bien que l'air raréfié et glacial ne laisse passer que les plus fines particules de bruit jusqu'à nos oreilles, en de subtiles et brèves vibrations, tout comme les ondes s'atténuent plus vite dans les liquides les plus purs et les plus légers, là où les substances grossières sombrent par le fond. Ils nous parviennent, aussi nets que le bruit des cloches, et de confins plus lointains encore, comme s'il y avait moins d'obstacles qu'en été pour les affaiblir et les interrompre. Le sol est sonore, comme du bois sec, même les bruits ruraux ordinaires sont mélodieux ; le tintement de la glace dans les arbres est harmonieux et liquide. Il y a très peu d'humidité dans l'air, tout étant sec ou gelé, et elle est si ténue et si élastique qu'elle devient une source de plaisir. Le ciel tendu et comme replié sur lui-même a une forme arc-boutée semblable à la nef d'une cathédrale, chatoyant de mille feux, comme si des cristaux de glace flottaient dans l'air. Ainsi que nous l'ont raconté ceux qui ont séjourné au Groenland, quand il gèle, « la mer fume comme une tourbe brûlante, et un brouillard ou une brume se forme, que l'on appelle frimas glacés », cette « fumée cinglante faisant souvent apparaître des cloques sur le visage et sur les mains, et se montrant très nocive pour la santé ». Mais ce froid pur et mordant est un véritable élixir pour les poumons ; ce n'est pas tant une bruine glaciale qu'une légère brume estivale cristallisée, raffinée et purifiée par le froid.

Le soleil finit par se lever au-dessus des bois à l'horizon, dans une sorte de bruit étouffé de cymbales qui résonnent, réchauffant l'air de ses rayons, et le matin avance à si grandes enjambées que ses rais dorent déjà les montagnes à l'ouest, dans le lointain. Pendant tout ce temps, nous marchons d'un bon pas dans la neige poudreuse, réchauffés par une chaleur intérieure et goûtant le silence d'un été indien, les sens et l'esprit en alerte. Sans doute que si nos vies obéissaient davantage à la nature, nous n'aurions pas besoin de nous défendre contre ses accès de chaud et froid, et nous trouverions en elle une nourrice et une amie, à l'instar des plantes et des quadrupèdes. Si nos corps se nourrissaient d'éléments purs et simples, au lieu de suivre un régime calorifique et stimulant, ils n'offriraient pas plus de pâture au froid qu'une branche effeuillée, mais se développeraient comme les arbres, pour qui l'hiver aussi est propice à la croissance.

La merveilleuse pureté de la nature en cette saison est quelque chose des plus agréables. Chaque souche pourrie, chaque pierre, chaque clôture recouvertes de mousse et les feuilles mortes de l'automne sont dissimulées sous un napperon immaculé de neige. Dans les champs dépouillés et les bois tintinnabulants, il faut voir quelle est la vertu qui survit. Dans les endroits les plus froids et les plus exposés au vent, la charité chaleureuse conserve encore un point d'appui. Un vent glacial et pénétrant chasse toute contagion, et ne peut y résister que ce qui abrite une vertu en soi. Par conséquent, nous devons respecter tout ce que nous rencontrons dans les endroits froids et exposés au vent, au sommet des montagnes, pour cette sorte de robuste innocence, de résistance puritaine. Tout le reste semble avoir été appelé à trouver refuge, et ce qui reste dehors doit faire partie du cadre originel de l'univers et être aussi vaillant que Dieu lui-même. Respirer l'air clarifié est tonifiant. Sa grande pureté et sa grande finesse sont visibles à l'œil nu, et c'est bien volontiers que nous resterions dehors longtemps, même tard, afin que les bourrasques puissent soupirer à travers nous aussi, comme à travers les arbres défeuillés, et nous préparer pour l'hiver – comme si nous espérions emprunter quelque vertu pure et constante, qui nous serait d'une grande utilité en toutes saisons.

Il y a un feu souterrain qui couve dans la nature et jamais ne s'éteint, et dont aucun froid ne peut venir à bout. Il finit par faire fondre la grande neige et, en janvier ou en juillet, il n'est enseveli que sous une couverture plus épaisse ou plus fine. Même pendant le jour le plus froid, il se diffuse quelque part, et la neige fond autour de chaque arbre. Ce champ de seigle hivernal, qui a germé sur le tard à la fin de l'automne et qui, à présent, dissout rapidement la neige, se trouve à l'endroit où le feu n'est recouvert que d'une fine couche protectrice. Nous nous sentons réchauffés par lui. En hiver, la chaleur tient lieu de vertu, et nous nous précipitons en pensée vers un fin ruisselet, avec ses pierres nues qui brillent au soleil, et vers des sources chaudes dans les bois, avec autant d'ardeur que les lapins et les rouges-gorges. La vapeur qui s'élève des marécages et des mares nous est aussi précieuse et familière que celle qui émane de notre bouilloire. Quel feu pourrait jamais égaler le beau soleil d'un jour d'hiver, quand les campagnols sortent des anfractuosités du mur et que la mésange gazouille dans les défilés du bois ? La chaleur provient directement du soleil et n'est pas émise par la terre, comme en été. Quand nous sentons ses rayons sur notre dos alors que nous nous promenons dans un vallon enneigé, nous sommes aussi reconnaissants que si nous avions reçu un bienfait spécial et bénissons le soleil qui nous a suivis dans cet endroit reculé.

Ce feu souterrain a son autel dans chaque poitrine humaine. En effet, par le jour le plus froid et sur la colline la plus exposée, le voyageur nourrit dans les plis de son manteau un feu encore plus chaud que celui que l'on allume dans chaque foyer. Un homme sain est, de fait, le complément des saisons, si bien que, en hiver, l'été est dans son cœur. Là est le sud. C'est là-bas qu'ont migré tous les oiseaux et les insectes et, autour de ses sources chaudes, dans son sein, se rassemblent le rouge-gorge et l'alouette.

Enfin, une fois parvenus à la lisière des bois, après avoir laissé derrière nous la ville volage, nous pénétrons sous leur couvert comme on va sous le toit d'une chaumière, et franchissons son seuil, entièrement recouvert par un plafond de neige. Ils sont toujours chauds et heureux, et aussi réconfortants et gais en hiver qu'en été. Au milieu de tous ces pins, dans la lumière tremblotante et diaprée qui ne se fraye que brièvement un chemin dans ce dédale, nous nous demandons si les villes connaissent seulement la simple histoire de ces arbres. Nous avons le sentiment qu'aucun voyageur ne les a jamais explorés, et, n'étaient les merveilles que la science a révélées un peu partout chaque jour, qui refuserait d'entendre leurs annales ? Nos humbles villages dans la plaine sont leur contribution. Nous empruntons aux forêts les planches qui nous abritent et les bûches qui nous réchauffent. Leur verdure persistante est si importante en hiver ; elle est cette partie de l'été qui ne s'étiole pas, qui dure toute l'année, l'herbe qui jamais ne flétrit ! C'est ainsi, en toute simplicité et sans faire de grands frais d'altitude, que la surface de la terre s'est diversifiée. Que serait la vie humaine sans les forêts, ces villes naturelles ? Au sommet des montagnes, elles ressemblent à des pelouses tondues de près et, pourtant, où irions-nous marcher ailleurs que dans cette herbe plus haute ?

Dans cette clairière recouverte des buissons de l'année, voyez un peu la poussière argentée qui s'est déposée sur chaque feuille et sur chaque branche desséchée, en des formes si infinies et somptueuses que, par leur variété, elles rachètent leur absence de couleur. Voyez les minuscules traces de souris autour de chaque souche, et les empreintes triangulaires du lapin. Un ciel pur et élastique surplombe l'ensemble, comme si les impuretés du ciel d'été, purgées et ratatinées par le chaste froid hivernal, avaient été vannées puis rejetées sur la terre.

En cette saison, la nature confond les distinctions qu'elle fait en été. Les cieux semblent plus proches de la terre. Les éléments sont moins réservés et distincts. L'eau se change en glace, la pluie en neige. Le jour n'est qu'une nuit scandinave. L'hiver est un été arctique.

Dans la nature, la vie est beaucoup plus vivante ; toute en fourrures, elle survit aux nuits où sévit le froid le plus mordant et, au milieu des champs et des bois recouverts de gel et de neige, elle voit le soleil se lever !

« La nature sauvage sans pitance
Déverse ses sombres habitants. »[3]

L'écureuil gris et le lapin redoublent d'activité et d'entrain dans les vallons reculés, même au matin du Vendredi froid[4]. C'est là notre Laponie et notre Labrador et, en guise d'Esquimaux, de Knistenaux[5],

3. James Thomson, « *Winter* » in *The Seasons.*
4. Le 5 février 1835 fut appelé ainsi, parce que de nombreuses têtes de bétail sont mortes à cause du froid ce jour-là.
5. Les Knistenaux (du nom français d'un ancien village, Kenisteniwuik), appelés aussi les Crees, forment la plus grande nation amérindienne d'Amérique du Nord et du Canada en particulier.

d'Indiens *dog-ribbed*[6], de Néo-Zembliens[7] et de Spitzbergiens[8], n'avons-nous pas notre coupeur de glace et notre bûcheron, le renard, le rat musqué et le vison ?

Il n'en demeure pas moins que, au beau milieu du jour arctique, nous pouvons suivre l'été à la trace jusque dans sa retraite et témoigner notre sympathie à un certain nombre de vies contemporaines. Déployées par-dessus les ruisseaux, au milieu des prés figés par le gel, nous pouvons observer les demeures aquatiques des larves de phryganes, de la famille des plicipennes ; leurs petits fourreaux cylindriques construits autour d'elles, composés d'iris des marais, de brindilles, d'herbe et de feuilles mortes, de coquilles et de cailloux, de formes et de couleurs semblables aux débris d'une épave, qui jonchent le fond – dérivant au-dessus du lit caillouteux, virevoltant au gré de minuscules remous avant de dégringoler des cascades escarpées, se laissant emporter par le courant ou bien ballottant à l'extrémité d'un brin d'herbe ou d'une racine. Elles quitteront bientôt leurs habitations creuses et submergées et, en rampant sur les tiges des

---

6. Les Indiens *dog-ribbed* sont une tribu d'Amérique du Nord.
7. La Nouvelle-Zemblie est un archipel arctique au nord de la Russie.
8. Le Spitzberg est la plus grande île de l'archipel du Svalbard, dans l'océan Arctique, au nord-ouest de la Norvège.

plantes ou jusqu'à la surface, tels des moucherons, en parfaits insectes qu'elles seront devenues, elles battront des ailes au-dessus de l'eau ou sacrifieront leurs courtes vies en se brûlant à la flamme des bougies que nous allumons le soir. Là-bas, au fond du petit vallon, les arbrisseaux se courbent sous leur fardeau, et les akènes rouges de l'aulne contrastent avec le sol blanc. On trouve ici les empreintes d'une myriade de pattes qui se sont déjà dispersées. Le soleil se lève aussi fièrement au-dessus de cette combe qu'au-dessus de la vallée de la Seine ou du Tibre, et cet endroit semble être la demeure d'une valeur pure qui se suffit à elle-même, que l'on n'avait encore jamais décelée – qui n'a jamais connu ni échec ni peur. Ici règnent la simplicité et la pureté de l'ère primitive, une santé et un espoir on ne peut plus éloignés des villes et des bourgades. Debout, complètement seuls, enfoncés dans la forêt, tandis que le vent fait tomber la neige des arbres, et laissant derrière nous les seules traces humaines, nous nous rendons compte que nos pensées sont plus riches que la vie citadine. La mésange et la sittelle inspirent davantage la société que les hommes d'État et les philosophes, et nous retournerons vers ces derniers comme vers de plus vulgaires compagnons. Dans ce vallon solitaire, avec le ruisseau qui draine ses versants, avec sa glace plissée et ses cristaux de toutes les nuances, à l'endroit où, sur l'autre rive, se dressent les épicéas et les sapins-ciguë et où, à même le ru, se tient la folle avoine sèche comme du jonc, nos vies sont plus sereines et dignes d'être contemplées.

À mesure que le jour avance, les flancs de la colline renvoient la chaleur du soleil, et nous n'entendons qu'une faible mais mélodieuse musique, là où coule le ruisselet libéré de ses entraves et où les glaçons dégèlent sur les arbres ; on peut aussi entendre et voir la sittelle et la perdrix. Le vent du sud fait fondre la neige à midi, le sol nu apparaît avec ses herbes et ses feuilles flétries, et nous sommes revigorés par le parfum qui en émane, comme par l'odeur de mets robustes.

Pénétrons dans cette cabane de bûcheron désertée et voyons un peu comment il a passé les longues nuits d'hiver et les courtes journées orageuses. Car, ici, l'homme a vécu sous le versant sud de la colline, qui ressemble à un lieu public et civilisé. Nous faisons les mêmes associations que quand le voyageur se trouve au pied des ruines de Palmyre[9] ou de Hécatompolis[10]. Les oiseaux qui chantent et les fleurs ont peut-être même commencé à apparaître ici, car les fleurs comme les mauvaises herbes s'atta-

9. Palmyre, une ville fondée à l'âge de bronze sur une oasis dans le désert de Syrie, est célèbre pour ses ruines.
10. Hécatompolis était un des anciens noms de Séleucie, la capitale de l'Empire des Séleuciens, en Perse.

chent aux pas de l'homme. Ces épicéas bruissaient au-dessus de sa tête, ces rondins de hickory constituaient son combustible et ces racines de pitchpin allumaient son feu. Là-bas, dans le creux du vallon, le ruisseau fumant, dont la fine vapeur éthérée s'élève, toujours aussi vivace même s'il est loin d'ici, fut son puits. Ces branches d'épicéas et la paille sur cette plate-forme surélevée furent sa couche, et ce récipient cassé contenait sa boisson. Mais il n'a pas été là cette saison, car les gobe-mouches ont construit leurs nids sur cette étagère à la fin de l'été. Je trouve des braises à l'endroit où il faisait cuire sa marmite de haricots, comme s'il venait juste de partir ; le soir, pendant qu'il fumait la pipe, dont le fourneau sans le tuyau gît dans les cendres, il discutait avec son seul compagnon, s'il en avait un, de l'épaisseur, le lendemain, de la neige qui tombait déjà très drue, ou bien ils se demandaient si le dernier bruit perçu était le hululement d'une chouette, une branche qui craque ou le fruit de leur imagination ; avant de se coucher sur la paille, en cette fin de soirée d'hiver, le bûcheron regardait par le large conduit de la cheminée pour voir comment avait évolué la tempête de neige et, après avoir aperçu les étoiles du Trône de Cassiopée, dont l'éclat radieux parvenait jusqu'à lui, il pouvait s'endormir, satisfait.

Voyez un peu tous ces indices qui nous renseignent sur l'histoire du bûcheron ! D'après cette souche, nous pouvons deviner le tranchant de la hache et, d'après l'angle d'attaque, à quel endroit il se tenait et s'il coupait l'arbre sans tourner autour ni changer de main et, d'après la courbure des éclats de bois, nous pouvons savoir dans quel sens l'arbre est tombé. Ce seul copeau abrite, inscrite en lui, toute l'histoire du bûcheron et du monde. Sur ce morceau de journal, dans lequel il mettait peut-être son sucre ou son sel, ou qui lui servait à bourrer son fusil, assis sur un rondin dans la forêt, avec quel intérêt nous lisons les commérages des villes, de ces cabanes plus grandes, vides et à louer, comme celle-ci, sur les Grands-Routes et autres Grands-Chemins. Les gouttières gouttent du côté sud de ce toit simple, tandis que la mésange pépie dans le pin et que la réconfortante chaleur du soleil devant la porte est un tant soit peu humaine et bienveillante.

Après deux saisons, cette habitation sommaire ne défigure pas le paysage. Déjà les oiseaux y ont recours pour construire leurs nids, et l'on peut voir devant sa porte les empreintes de nombreux quadrupèdes. Ainsi, pendant longtemps, la nature oublie l'empiètement et la profanation de l'homme. Le bois, avec entrain et sans méfiance, renvoie encore l'écho des coups de hache qui le frappent, si rares et espacés, qu'ils ne font que renforcer le côté sauvage de l'endroit, tous les éléments s'efforçant de rendre ce bruit naturel.

À présent, notre sentier commence à grimper progressivement au sommet de cette haute colline. Depuis l'adret, nous pouvons embrasser à perte de vue ce vaste paysage de forêts, de champs et de rivières jusqu'aux lointaines montagnes enneigées. Voyez là-bas la mince colonne de fumée qui décrit des volutes dans les bois, provenant de quelque ferme invisible, étendard dressé au-dessus d'une propriété agricole. Il doit exister un endroit plus chaud et plus doux, comme celui où nous détectons la vapeur qui monte d'une source en formant un nuage au-dessus des arbres. Quelles belles relations s'établissent entre le voyageur qui découvre cette colonne d'air en haut d'une butte dans la forêt et celui qui se trouve à son pied ! La fumée s'élève en volutes aussi silencieusement et naturellement que la vapeur qui s'exhale des feuilles et s'active comme une ménagère devant l'âtre. Elle est un hiéroglyphe de la vie de l'homme et suggère des choses plus intimes et plus importantes que le bouillonnement d'une marmite. Là où sa fine colonne s'élève au-dessus de la forêt, telle une enseigne, quelque vie humaine s'est implantée – c'est ainsi que sont nés Rome, les arts et les empires, que ce soit sur les prairies d'Amérique ou sur les steppes d'Asie.

Nous redescendons désormais vers le bord de ce lac sylvestre, niché au creux des collines, comme s'il en était le jus pressé, mêlé à celui de feuilles qui y macèrent chaque année. Sans entrée ni sortie d'eau visible, il garde encore son histoire, dans le mouvement de ses vagues, dans les galets polis sur la rive et dans les pins qui poussent au bord. Quoique sédentaire, il n'a pas été oisif, mais, comme Abu Musa[11], il nous enseigne que « rester tranquille chez soi est la voie céleste ; en sortir est la voie du monde ». Pourtant, grâce à l'évaporation, il voyage aussi loin que n'importe qui. En été, il est l'œil liquide de la terre, un miroir au sein de la nature. Les péchés de la forêt y sont lavés. Voyez un peu cet amphithéâtre que les bois forment autour, c'est une véritable arène pour tous les bienfaits de la nature. Tous les arbres conduisent le voyageur vers sa rive, tous les sentiers le recherchent, les oiseaux volent vers lui, les quadrupèdes viennent y trouver refuge, et il n'est pas jusqu'au sol qui s'incline vers lui. C'est le salon de la nature, où elle s'assied pour faire sa toilette. Songez à sa silencieuse économie et à son ordre. Voyez comme le soleil, grâce à l'évaporation, vient balayer chaque matin la poussière qui s'y est déposée et la surface nouvelle qui en jaillit sans cesse. Chaque année, quelles que soient les impuretés qui s'y sont accumulées, sa transparence liquide

11. Abu Musa Abd-Allah ibn Qays al-Ash'ari (mort vers 662-672) était l'un des *Sahaba* (« compagnons ») du prophète Mahomet et une figure importante de l'histoire de l'islam à sa fondation.

réapparaît au printemps. En été, une musique imperceptible semble effleurer sa surface. Mais, à présent, une nappe de neige nous la dissimule, à l'exception des endroits où le vent l'a complètement chassée, et les feuilles mortes glissent d'un bord à l'autre, virant et lofant au cours de leurs petites traversées. En voici une qui vient de chavirer après voir heurté un galet sur la rive, une feuille de hêtre sèche, qui continue de tanguer, comme si elle voulait repartir. Je suis certain qu'un habile ingénieur pourrait en retracer le parcours depuis sa chute de la tige-mère. Tous les éléments pour faire ce calcul sont réunis ici : sa position actuelle, la direction du vent, le niveau de la mare et bien d'autres encore. Son pourtour dentelé et ses nervures font office de journal de bord.

Nous nous imaginons à l'intérieur d'une maison plus grande. La surface de l'étang est notre table en bois ou notre plancher sablé, et sur son bord se dresse brusquement la forêt, comme les murs d'une chaumière. Les lignes posées pour attraper le brochet à travers la glace ressemblent à une préparation culinaire à plus grande échelle, et les hommes qui se tiennent debout à côté d'elles, sur le sol blanc, ressemblent aux pièces d'un mobilier forestier. Les actions de ces hommes, à une distance d'un demi-mile à vol d'oiseau au-dessus de la glace et de la neige, nous impressionnent autant que lorsque nous lisons les exploits d'Alexandre dans l'Histoire. Elles ne paraissent pas indignes du cadre et semblent aussi importantes que la conquête des royaumes.

Nous nous sommes de nouveau baguenaudés sous la voûte des arbres, et, à l'orée du bois, où nous avons entendu le lointain grondement de la glace dans une baie de la rivière, qui semblait soumise à une marée différente et plus subtile que celles qui régissent les océans. Pour moi, ce bruit est à la fois étrange et familier, aussi émouvant que la voix d'un noble et lointain parent. Un doux soleil d'été brille au-dessus de la forêt et du lac, et, bien qu'il n'y ait pas une seule feuille verte sur plusieurs mètres à la ronde, la nature jouit d'une constitution saine et sereine. Chaque bruit porte en lui la même mystérieuse assurance de santé, aussi bien celui des brindilles qui craquent en janvier que le faible murmure du vent en juillet.

Quand l'Hiver frange chaque brindille
De sa fantastique guirlande,
Et pose le sceau du silence
Au revers des feuilles ;

Quand chaque cours d'eau dans son abri
Suit son cours en glougloutant,
Et que dans sa galerie le campagnol
Grignote le pâturin ;

Il me semble que l'été n'est pas loin
Qu'il est tapi dessous,
Tout comme notre campagnol dort douillettement
Dans la bruyère de l'an passé.

Et si d'aventure la mésange
Pousse une faible note,
La neige devient un dais,
Qu'elle déploie sur l'été.

De belles fleurs ornent les arbres rieurs
Dont naîtront des fruits éblouissants ;
Le vent du nord souffle une brise d'été,
Pour chasser le gel mordant,

M'apportant de bonnes nouvelles,
Alors que je suis tout ouïe,
D'une sereine éternité,
Qui n'a pas besoin de craindre l'hiver.

Dehors, sur l'étang silencieux,
La glace agitée craque,
Et les lutins de l'étang gambadent
Dans l'assourdissant fracas.

Je me rue vers le vallon,
Comme si j'apprenais

Que la nature organisait des festivités
Qu'il me serait pénible de manquer.

Je folâtre avec ma voisine la glace,
Et tremble par sympathie
Chaque fois qu'une nouvelle fissure apparaît
Soudainement sur le lac réjoui.

À l'unisson avec le grillon dans le sol
Et le fagot dans l'âtre,
Résonne ce rare bruit familier
Le long du sentier forestier.

Avant la nuit, nous allons faire un tour en patins sur cette sinueuse rivière, expérience si riche de nouveautés pour quiconque passe ses longues journées d'hiver assis près de l'âtre, et c'est comme si nous étions sur la glace polaire avec le capitaine Parry[12] ou Franklin[13] ; nous suivons les méandres de la rivière, qui tantôt sinue au milieu des collines, tantôt se répend dans de belles prairies et forme une myriade de criques et de baies que surplombent pins et sapins-ciguë. La rivière coule en retrait des villes, et nous voyons toutes les choses sous un angle plus sau-

12. Sir William Edward Parry (1790-1855), amiral anglais qui explora l'Arctique.
13. Benjamin Franklin (1706-1790), écrivain et physicien américain.

vage. Les champs et les jardins descendent vers elle avec la franchise et la liberté sans prétention de ceux qui n'avancent pas sur la grand-route. Elle est l'extérieur et la lisière de la terre. Nos yeux ne sont pas choqués par de violents contrastes. La dernière barrière de la clôture du fermier est une branche de saule branlante, qui conserve encore sa fraîcheur, et là s'arrêtent toutes les clôtures et nous ne traversons plus la moindre route. Nous pouvons à présent nous enfoncer dans la campagne par la route la plus écartée et la plus plane, sans jamais grimper sur une colline, mais en remontant par larges paliers les prés des hautes terres. Quelle belle illustration de l'obéissance à la loi que le flot d'une rivière, le sentier d'un homme malade, une grand-route vers l'aval que peut emprunter en toute sécurité la cupule d'un gland avec toute sa cargaison. Ses infimes chutes occasionnelles, dont les précipices ne diversifieraient pas le paysage, sont célébrées par la brume et les embruns, et attirent le voyageur, que celui-ci vienne d'ici ou d'ailleurs. Son courant l'entraîne progressivement, sans rencontrer de difficultés majeures, ou bien en suivant un plan légèrement incliné, de l'intérieur des terres jusqu'à la mer. C'est ainsi que, par une soumission constante et ancienne aux inégalités du terrain, la rivière se fraie le passage le plus facile.

Aucun domaine de la nature n'est jamais totalement fermé à l'homme, et voilà que nous nous approchons de l'empire des poissons. Nos pieds glissent rapidement au-dessus de profondeurs insondables, là où, l'été, notre ligne taquinait la lotte et la perche et où le majestueux brochet restait à l'affût dans les longs corridors formés par les joncs. Le marais profond et impénétrable, où le héron pataugeait et où le butor s'est établi, est rendu accessible à nos prestes chaussures, comme si un millier de rails y avaient été posés. D'un seul élan, nous sommes portés vers la hutte du rat musqué, le plus ancien colon, et le voyons jaillir de sous la glace transparente, comme un poisson à fourrure, jusqu'à son trou sur la berge ; et nous glissons rapidement au-dessus des prés où, il y a peu, « le faucheur affûtait sa faux », à travers les parterres de canneberges gelées, mêlés de pâturin. Nous patinons près de l'endroit où le merle, le moucherolle et le traquet ont fait leurs nids au-dessus de l'eau et où les guêpes-frelons suspendaient le leur à l'érable du marais. Combien de gais gazouillis, imitant le soleil, ont irradié depuis ce nid fait de bouleau argenté et du duvet de chardon ! Sur la bordure externe du marécage fut accroché le village sur pilotis, que nul pied n'a foulé. Dans ce tronc d'arbre, le canard sauvage élevait sa couvée et sortait furtivement chaque jour pour fourrager dans ce marais.

En hiver, la nature est un cabinet de curiosités, regorgeant de spécimens séchés, dans leur ordre et leur position naturels. Les prés et les forêts sont un *hortus siccus*[14]. Les feuilles et l'herbe sont parfaitement pressées par l'air, sans gomme ni écrou, et les nids d'oiseaux ne sont pas suspendus à une branche artificielle, mais à l'endroit même où ils ont été bâtis. Nous allons à pied sec inspecter le travail de l'été dans le marais luxuriant, et voir où en est la croissance des aulnes, des saules et des érables, qui furent les témoins de tant de chauds soleils et de tant de rosées et d'averses fertilisantes. Voyez un peu comme leurs branches se sont épanouies au plus fort de l'été, et, de ces bourgeons encore en dormance, elles se déploieront bientôt dans les cieux.

Parfois, nous pataugeons dans les champs de neige, sous l'épaisseur de laquelle la rivière s'est perdue sur plusieurs perches de long, pour réapparaître à droite ou à gauche, là où nous nous y attendons le moins. Elle continue de suivre son cours en dessous, avec un faible bruit qui gronde, comme si, pareille en cela à l'ours et à la marmotte, elle hibernait elle aussi, et que nous avions suivi son mince lit d'été jusqu'à l'endroit où elle se terrait dans la neige et dans la glace. Au début, nous aurions pu penser que les rivières seraient vides et sèches au cœur de l'hiver, ou bien solidifiées par le gel jusqu'à ce que le printemps les dégèle, mais leur volume n'a même pas diminué,

14. Littéralement « jardin sec », désigne en fait un herbarium.

car seul un froid superficiel recouvre leur surface. Les milliers de sources qui alimentent les lacs et les ruisseaux coulent encore. Seules quelques sources de surface sont obstruées et vont grossir les profonds réservoirs. Les puits de la nature sont ensevelis sous le gel. Les ruisseaux d'été ne sont pas gonflés par la fonte des neiges, et ses eaux ne suffisent pas à étancher toute la soif du faucheur. Si les ruisseaux enflent quand la neige fond au printemps, c'est parce que l'œuvre de la nature a été retardée, l'eau se trouvant transformée en glace et en neige, dont les particules sont moins lisses et moins rondes, et qu'ils ne retrouvent pas aussitôt leur niveau.

Loin sur la glace, entre les forêts de sapins-ciguë et les collines coiffées de neige, se tient le pêcheur de brochets, ses lignes installées dans une crique à l'écart, comme un Finlandais, les mains fourrées dans les poches de son paletot, en proie à des pensées ternes, enneigées et poissonneuses, étant lui-même un poisson sans nageoires, que quelques pouces séparent de sa race, muet, droit et prêt à être enveloppé par la neige et les nuages, comme les pins sur la rive. Dans ce décor sauvage, les hommes s'inscrivent dans le paysage ou bien bougent à dessein, lourdement, ayant sacrifié la vigueur et l'entrain des villes à la muette sobriété de la nature. Ce pêcheur ne rend pas le paysage moins sauvage, pas plus que les geais et les rats musqués, mais il fait partie intégrante du décor, à l'instar des autochtones représentés dans les voyages des premiers navigateurs, à Nootka Sound[15] et sur la côte Nord-Ouest, avec leurs fourrures sur le dos, avant qu'un morceau de ferraille ne les force à se montrer loquaces. Il appartient à la famille naturelle de l'homme, il est plus profondément ancré dans la nature et a davantage de racines que les habitants des villes. Allez vers lui, demandez-lui si la chance lui a souri et vous découvrirez que lui aussi est un adorateur de l'invisible. Écoutez avec quelle sincère déférence et quels trémolos dans la voix il parle du brochet du lac, qu'il n'a jamais vu, sa race primitive et idéale de brochet. Il est toujours relié à la rive, comme par une ligne de pêcheur, et se souvient encore de l'époque où il prenait le poisson à travers la glace sur l'étang, tandis que les pois poussaient dans son jardin.

Mais, alors que nous flânions, les nuages se sont à nouveau rassemblés et quelques flocons de neige épars ont commencé à tomber. Ils tombent de plus en plus vite, empêchant de voir les objets au loin. La neige tombe sur chaque forêt, sur chaque champ, et aucune crevasse n'est oubliée, que ce soit le long de la rivière et de la mare, ou sur la colline et dans la vallée.

15. Les premiers Européens à avoir accosté à Nootka Sound, en Colombie Britannique, furent le célèbre Capitaine James Cook (1728-1779) et son équipage, au mois de mars 1778.

Les quadrupèdes se sont terrés dans leurs tanières, et les oiseaux sont postés sur leurs perchoirs en cette heure paisible. Il n'y a pas autant de bruit que par beau temps, mais petit à petit, en silence, chaque versant, les murs gris et les clôtures, la glace polie et les feuilles desséchées, qui n'étaient pas encore ensevelies, se cachent, et les traces des hommes et des bêtes se perdent. En faisant très peu d'effort, la nature réaffirme sa loi et efface les empreintes des hommes. Écoutez comment Homère a décrit cela : « Par un jour d'hiver tombent les flocons de neige amoncelés. Les vents se taisent, tandis que la neige couvre les cimes des montagnes, les collines, les plaines où pousse le safran et les champs cultivés ; elle tombe aussi sur les ports et les rivages de la mer écumeuse, où le ressac la fait fondre en silence[16]. » La neige aplanit toutes choses et les enveloppe plus profondément au sein de la nature, de même que, pendant l'été indolent, la végétation grimpe sur l'entablement du temple et les tourelles du château, et aide ainsi la nature à l'emporter sur l'art.

Le vent de nuit bourru bruisse dans les bois et nous invite à revenir sur nos pas, alors que le soleil descend derrière la tempête qui grossit, que les oiseaux cherchent leurs juchoirs, et le bétail, ses étables.

---

16 *Iliade*, Chant 12.

« Harassé, le bœuf du laboureur
Se tient couvert de neige et exige *à présent*
Le fruit de tout son labeur. »[17]

Bien que, dans l'almanach, l'hiver soit représenté sous la forme d'un vieillard, affrontant le vent et le grésil, ramenant son manteau sur lui, pour notre part nous pensons davantage à lui comme à un joyeux bûcheron, un jeune homme au sang chaud, aussi jovial que l'été. La grandeur inexplorée de la tempête entretient l'entrain du voyageur. Elle ne nous traite pas à la légère et fait montre, au contraire, d'un doux empressement. En hiver, nous menons une vie plus intérieure. Nos cœurs sont chauds et enjoués, pareils en cela aux chaumières sous les congères, dont fenêtres et portes sont à moitié cachées, mais des cheminées desquelles la fumée s'élève gaiement. Les congères qui nous emprisonnent augmentent la sensation de confort qu'offre la maison, et, pendant les jours les plus froids, nous sommes contents de nous asseoir au coin du feu et d'apercevoir le ciel par le conduit de la cheminée, de jouir de la vie calme et sereine que nous pouvons mener dans un endroit chaud près du brasier, ou bien de sentir notre pouls en écoutant les meuglements du bétail dans la rue ou

17. James Thomson, « *Winter* » in *The Seasons.*

le bruit du fléau dans des granges au loin, tout au long de l'après-midi. Nul doute qu'un habile médecin pourrait se faire une idée de notre état de santé en observant comment ces bruits simples et naturels nous touchent. Nous jouissons désormais d'un loisir non pas oriental mais boréal, autour du foyer et du poêle chauds, et nous regardons l'ombre des grains de poussière dans les rayons de soleil.

Parfois, notre sort devient trop intimement et trop familièrement sérieux pour être cruel. Il suffit de voir comment, pendant trois mois, la destinée humaine est enveloppée dans des fourrures. La bonne Révélation des Hébreux ne tient pas compte de toute cette neige réconfortante. N'y a-t-il pas de religion pour les zones tempérées et glacées ? Nous ne connaissons aucune Écriture qui mentionne la pure mansuétude des dieux par une nuit d'hiver en Nouvelle-Angleterre. On n'a jamais chanté leurs louanges, on s'est contenté de s'élever contre leur courroux. Après tout, les meilleures Écritures ne sont les dépositaires que d'une foi réduite à sa portion congrue. Ses saints mènent une vie réservée et austère. Qu'un courageux dévot passe l'année dans les bois du Maine ou du Labrador, et nous verrons alors si les Écritures des Hébreux parlent comme il se doit de sa condition et de son expérience, du début de l'hiver à la fonte des glaces.

À présent commence la longue soirée d'hiver devant l'âtre du fermier, quand les pensées des habitants voyagent au loin et que les hommes sont, par nature et par nécessité, charitables et généreux envers toutes les créatures. C'est désormais l'heureuse résistance au froid, quand le fermier récolte le fruit de son labeur et réfléchit aux dispositions qu'il a prises pour affronter l'hiver, et qu'il voit avec équanimité, à travers les vitres luisantes, « la demeure de l'ours boréal », car la tempête est maintenant terminée :

« Toute la ronde éthérée,
Mondes infinis se révélant au regard,
Brille d'un intense éclat ; et la voûte céleste
Constellée de mille lumières scintille d'un pôle
[à l'autre.[18] »

18. *Ibidem.*

Couleurs d'automne

Les Européens qui viennent en Amérique sont surpris par l'éclat de nos feuillages automnaux. On ne trouve aucune trace d'un phénomène similaire dans la poésie anglaise, parce que, là-bas, les arbres ne prennent que rarement des couleurs vives. Tout ce qu'en dit Thomson[1] dans son poème « Automne » se trouve dans les vers suivants :

« Mais voyez les bois aux mille couleurs déclinantes
Aux teintes toujours plus épaisses et profondes, [embrunir
La campagne alentour ; un insondable ombrage abritant
Toutes les nuances, depuis le vert pâle blêmissant
Jusqu'au noir de suie »

et dans celui-ci où il parle de :

« L'automne rayonnant au-dessus des bois jaunes. »

---

1. James Thomson (1700-1748), poète écossais, célèbre auteur de *The Seasons* (1730).

Le changement qui s'opère à l'automne dans nos forêts n'a pourtant pas encore laissé de profonde empreinte sur notre littérature. C'est à peine si octobre a teinté notre poésie.

Bon nombre de gens qui ont vécu toute leur vie en ville et ne se sont jamais hasardés à venir à la campagne en cette saison n'ont jamais vu cela : la fleur ou, plutôt, le fruit mûr de l'année. Je me rappelle une promenade à cheval que je fis avec l'un de ces citadins qui, bien qu'il fût trop tard d'une quinzaine de jours pour voir les couleurs les plus chatoyantes, resta bouche bée et refusa de croire qu'il pût y en avoir de plus éclatantes encore. Il n'avait jamais entendu parler de ce phénomène auparavant. Non seulement la plupart des habitants de nos villes ne l'ont jamais vu de leurs propres yeux, mais rares sont ceux qui s'en souviennent d'une année sur l'autre.

La plupart d'entre eux semblent confondre feuilles dont les teintes virent et feuilles flétries, un peu comme s'ils confondaient pommes mûres et pommes pourries. Je crois que, lorsqu'une feuille prend une couleur plus intense, c'est la preuve qu'elle est parvenue à une maturité tardive et parfaite, qui fait écho à celle de ses fruits. Ce sont en général les feuilles les plus basses et les plus anciennes qui subissent, les premières, ce changement. Mais, de même que l'insecte aux ailes parfaites et aux couleurs les plus vives est celui dont la vie est la plus courte, les feuilles ne mûrissent que pour tomber.

D'ordinaire, quand un fruit est à maturité et qu'il est sur le point de tomber, quand il commence à acquérir une existence plus indépendante et plus individuelle, nécessitant moins d'apport nutritif, celui-ci provenant moins de la terre par sa tige que du soleil et de l'air, il acquiert une teinte éclatante. Il en est de même pour les feuilles. Le naturaliste déclare que cela « résulte d'une absorption accrue d'oxygène ». Ça, c'est pour l'explication scientifique – qui n'est qu'une autre manière de décrire les faits. Mais je m'intéresse davantage à la carnation rose plutôt que de chercher à savoir quel régime alimentaire suit la demoiselle. La forêt et la prairie, le tégument de la terre, doivent prendre une couleur vive en signe de maturité – comme si le globe était un fruit sur son pédoncule, avec toujours une face exposée au soleil.

Les fleurs ne sont que des feuilles colorées, et les fruits, que des feuilles mûres. La partie comestible de la plupart des fruits, comme l'explique le naturaliste, est « le parenchyme, ou tissu charnu, de la feuille », dont ils sont formés.

Notre appétit limite en général notre vision de la maturité et de ses manifestations – couleur, velouté et perfection – aux fruits que nous mangeons, et nous oublions bien souvent qu'une immense récolte que nous ne mangeons pas, dont nous ne nous servons presque pas, est chaque année mûrie par la nature. Lors de nos comices agricoles et de nos expositions horticoles annuels, nous croyons faire un grand étalage de beaux fruits destinés pourtant à un sort assez vil, des fruits qui ne sont pas appréciés en premier lieu pour leur beauté. Mais, aux alentours et à l'intérieur de nos villes, il y a chaque année une autre exposition de fruits, sur une échelle infiniment plus grande, des fruits qui ne s'adressent qu'à notre penchant pour la beauté.

Octobre est le mois des feuilles peintes. Leur riche éclat illumine le monde. Tout comme les fruits, les fleurs et le jour adoptent des couleurs éclatantes juste avant de tomber, l'année fait de même à son déclin. Octobre est son coucher de soleil ; novembre, son tardif crépuscule.

Fut un temps où j'ai pensé qu'il serait intéressant de recueillir une feuille de chaque arbre, arbuste et plante herbacée en train de changer, quand il a revêtu sa couleur caractéristique la plus vive, dans cette phase de transition qui va du vert au brun, d'en faire le croquis et d'en reproduire les teintes avec exactitude, à la peinture, dans un livre qui s'intitulerait « Octobre, ou Couleurs d'automne ». Il commencerait par le premier chèvrefeuille rougissant et la laque de ses feuilles radicales, et se poursuivrait par les érables, les hickorys, les sumacs et un grand nombre de feuilles joliment mouchetées moins bien connues, jusqu'aux chênes et aux trembles les plus tardifs. Quel mémento eût constitué ce livre ! Il suffirait de tourner ses pages pour faire une promenade dans les bois en automne chaque fois qu'il nous plairait. Et si j'avais pu préserver intactes les feuilles elles-mêmes, c'eût été encore mieux. Je n'ai guère avancé dans la composition d'un tel ouvrage, mais, au lieu de cela, je me suis efforcé de décrire toutes ces couleurs vives dans leur ordre d'apparition. Voici quelques extraits de mes notes.

Les graminées

Dès le 20 août, un peu partout dans les forêts et les marécages, l'automne se rappelle à nous, tant par les feuilles de salsepareille et de fougères richement mouchetées, que par le chou-puant[2] et l'hellébore flétris et noircis, ainsi que, le long des rivières, par la pontédérie[3] déjà en train de foncer.

2. Ou symplocarpe fétide (*Symplocarpus foetidus*), étonnante plante que l'on trouve de façon clairsemée aux États-Unis et au Canada, dans les zones humides, qui dégage une odeur « mouffettée » (d'où son nom vernaculaire anglais de *skunk-cabbage*) caractéristique.
3. Nom générique de plusieurs plantes herbacées aquatiques ou semi-aquatiques très communes aux États-Unis, dont la principale, considérée comme invasive dans certains États, est la pontédérie à feuilles en cœur (*Pontederia cordata*).

L'herbe pourpre (*Eragrostis pectinacea*)[4] est alors au paroxysme de sa beauté. Je me rappelle très bien la première fois où j'ai observé cette plante. Alors que je me trouvais sur le flanc d'une colline, tout près de notre fleuve, je vis, à une trentaine ou une quarantaine de perches[5] de là, une bande de pourpre d'une demi-douzaine de perches de long, à l'orée d'un bois, à l'endroit où le terrain descendait vers une prairie. Elle était aussi digne d'intérêt et possédait des couleurs aussi vives, quoiqu'elles ne fussent pas tout à fait aussi éclatantes, que les touffes de rhexie, car d'un pourpre plus foncé, comme une grosse tache d'airelle. Quand je me suis rendu sur place pour l'examiner, j'ai découvert qu'il s'agissait d'une sorte d'herbe à fleurs, ne faisant guère plus d'un pied[6] de haut, avec seulement quelques feuilles vertes et une belle panicule déployée de fleurs violettes ; c'était comme une légère brume purpurine et frémissante qui m'entourait. De plus près, elle s'avéra être d'un pourpre terne et ne faisait pas forte impression ; elle était même difficile à détecter, et si on n'en cueillait qu'un seul brin, on était surpris de découvrir combien il était fin et faiblement coloré. Mais si on la regardait de plus loin, sous un éclairage favorable, elle se montrait d'un beau pourpre vif, qui faisait pen-

4. Ou éragrostide pectinée, graminée dont le nom vernaculaire anglais est *purple grass*, ici traduit par « herbe pourpre ».
5. Une perche vaut 5,03 m.
6. Un pied vaut 30,48 cm.

ser à une fleur et enrichissait la terre. De bien maigres causes s'associent pour produire des effets aussi frappants. J'étais d'autant plus étonné et charmé que cette herbe est généralement d'une couleur sobre et humble.

Avec sa belle teinte pourpre, elle me rappelle la rhexie, qui est en train de disparaître et dont elle prend la place, et c'est là l'un des phénomènes les plus intéressants du mois d'août. Les plus beaux massifs de cette plante poussent sur des bandes de terre inculte au pied de collines arides, en bordure des prairies, là où le cupide faucheur ne daigne pas faire passer sa faux, car il s'agit d'une herbe pauvre et maigre, à laquelle il n'accorde aucun intérêt. À moins qu'il ignore tout bonnement son existence tant elle est belle, car le même œil se montre incapable de la voir en même temps elle et la timothée[7]. Il prend soin de récolter le foin des prés et les plantes les plus nutritives qui poussent à côté, mais il laisse cette belle brume pourpre pour la moisson du marcheur – fourrage pour son bétail imaginaire. Un peu plus haut sur la colline poussent parfois aussi des mûres, le millepertuis et, négligée, fanée et maigrelette, l'herbe de juin[8]. Quelle chance elle a de

7. Autre nom de la fléole des prés (*Phleum pratense*), très utilisée comme plante fourragère.

8. Traduction littérale du nom anglais vernaculaire de la koelérie à

pousser dans ces endroits et non au milieu des herbes luxuriantes qui sont fauchées chaque année ! La Nature fait bien ainsi le distinguo entre l'utile et le beau. Je connais un grand nombre d'endroits où l'herbe pourpre ne manque jamais d'apparaître tous les ans et de repeindre la terre de sa belle couleur. Elle pousse sur les pentes douces, soit en un tapis uni, soit en touffes rondes et éparses d'un pied de diamètre, et elle perdure jusqu'à ce que les premières fortes gelées la tuent.

Chez la plupart des plantes, la corolle, ou calice, est la pièce florale qui prend la couleur la plus intense et qui est la plus attrayante ; chez beaucoup, c'est le péricarpe ou le fruit ; chez d'autres, comme l'érable rouge, ce sont les feuilles ; et chez d'autres encore, c'est la tige qui est la fleur principale ou la partie qui porte les fleurs.

C'est d'ailleurs le cas, en particulier, du raisin d'Amérique ou phytolaque (*Phytolacca decandra*)[9]. Certains pieds qui poussent sous nos falaises ne sont pas loin de m'éblouir par leurs tiges pourpres, à cette époque et au début de septembre. Ils présentent autant d'intérêt à mes yeux que la plupart des fleurs

---

crêtes (*Koeleria macrantha*), graminée vivace dont la floraison est à dominante jaune.

9. Plante herbacée vivace, grande et vigoureuse, à tiges rougeâtres et fleurs blanchâtres en grappes érigées, dont les baies sont toxiques pour l'homme.

et comptent parmi les fruits les plus importants de l'automne chez nous. Chez la phytolaque, tout est fleur (ou fruit) en raison même de la surabondance de couleur : tige, branche, pédoncule, pétiole, et même les feuilles veinées de pourpre, qui finissent par adopter une teinte jaunâtre. Ses racèmes cylindriques de baies de diverses nuances, qui vont du vert au violet foncé, de six ou sept pouces de long, retombent gracieusement de tous côtés, offrant un véritable banquet aux oiseaux. Et même les sépales qui restent après que les oiseaux y ont cueilli les baies sont d'un rouge vif laqué, avec des reflets couleur de flammes carmines, qui vaut largement tout ce qui se trouve dans le genre – tout embrasés de maturité. D'où le suffixe *lacca*, qui vient de *lac* (« laque »). La plante porte en même temps des boutons, des fleurs, des baies vertes, dont certaines, mûres, d'un beau violet foncé et ces sépales qui ressemblent à des fleurs.

Nous aimons voir du rouge dans la végétation de la zone tempérée. C'est la couleur des couleurs. Cette plante parle à notre sang. Elle exige un soleil radieux pour lui permettre de montrer le meilleur d'elle-même, et il faut la voir en cette saison de l'année. Sur les flancs de coteaux bien exposés, ses tiges sont mûres dès le 23 août. À cette date, j'ai marché dans un beau massif de ces plantes, de six ou sept pieds de haut, sur le flanc de l'une de nos collines, où elles mûrissent tôt. Au niveau du sol, elles étaient d'un pourpre profond et vif, arborant une floraison qui contrastait avec les feuilles d'un vert encore clair. C'est l'un des rares triomphes de la Nature que d'avoir produit et porté à sa perfection une telle plante, comme si cela suffisait à faire un été. À quelle parfaite maturité elle parvient ! C'est l'emblème d'une vie réussie s'achevant par une mort qui n'intervient pas de façon prématurée, un ornement de la Nature. Si seulement nous pouvions mûrir aussi parfaitement, racines et branches, en rayonnant au plus fort de notre déclin, comme la phytolaque ! Je dois avouer que je suis enthousiasmé par la contemplation de cette plante. J'en coupe une pour m'en faire une canne, car j'ai envie de la manier et de m'appuyer dessus. J'aime presser les baies entre mes doigts et voir leur jus me tacher la main. Marcher au milieu de ces fûts de vin pourpre dressés et branchus, qui conservent et diffusent une teinte rougeoyante de coucher de soleil, les goûter du regard l'un après l'autre, au lieu de compter les tonneaux sur un quai de Londres, quel privilège ! Car les vendanges de la Nature ne se limitent pas à la vigne. Nos poètes ont chanté le vin, produit par une plante étrangère que, pour la plupart, ils n'ont jamais vue, comme si les plantes de chez nous ne contenaient pas plus de jus que ces hérauts. C'est tellement vrai que certains ont appelé cette plante le raisin d'Amérique et, quoique native d'Amérique, son jus est utilisé dans certains pays étrangers pour rehausser la couleur du vin, si bien que nos rimailleurs pourraient bien célébrer les vertus de la phytolaque sans le savoir. Il y a ici assez de baies pour repeindre de neuf le ciel de l'ouest et fêter les Bacchanales si le cœur nous en dit. Quelles flûtes feraient ses tiges sanguines pour accompagner cette danse ! C'est vraiment une plante royale. Je pourrais passer le soir de l'année à musarder au milieu des tiges de phytolaque. Peut-être que, dans ces massifs, une nouvelle école de philosophie ou de poésie finirait par naître. Cela dure pendant tout le mois de septembre.

À la même époque ou à la fin du mois d'août, un genre d'herbes à mon sens très intéressant, l'andropogon ou herbe à barbe, est à son apogée : *Andropogon furcatus*, le barbon fourchu ou appelons-la plutôt herbe aux doigts pourpres ; *Andropogon scoparius*, le petit barbon ; et *Andropogon* (rebaptisé aujourd'hui *Sorghum*) *nutans*, l'herbe des Indiens[10]. Le premier est une herbe très haute avec une tige très fine, de trois à sept pieds de haut, avec quatre ou cinq épis pourpres ressemblant à des doigts, qui rayonnent vers la cime. Le second est aussi très fin, poussant en touffes de deux pieds de haut sur un de large, avec des tiges souvent plus ou moins incurvées qui, quand les épis commencent à faner, ont l'air blanchâtres et floues. Ces deux herbes sont les plus communes en cette saison

10. Le nom exact est *Sorghastrum nutans* ou faux sorgho penché.

sur les champs et les flancs des coteaux secs et sablonneux. Chez les deux, les tiges, sans parler de leurs jolies fleurs, ont des reflets pourpres et nous permettent de dire que l'année est à maturation. Si j'éprouve autant de sympathie pour ces plantes, c'est sans doute parce qu'elles sont dédaignées par le fermier et qu'elles occupent un sol stérile et négligé. Elles ont des couleurs vives, comme du raisin mûr, et expriment une maturité que le printemps ne laissait pas prévoir. Seul le soleil d'août peut donner un tel éclat à ces tiges et à ces feuilles. Il y a belle lurette que le fermier a terminé sa fenaison sur les hauteurs et il ne s'abaissera pas à apporter sa faux là où ces frêles herbes sauvages ont fini par fleurir de façon clairsemée ; on voit souvent des bandes de sable nu entre elles. Mais je marche, le cœur vaillant, entre les touffes d'herbe pourpre des bois, à travers les champs sablonneux et en lisière des chênes nains, heureux de reconnaître ces humbles contemporaines. Fauchant en pensée de larges andains, je les « moissonne », les râtelant en pensée, je les rassemble en meules. Le poète à l'ouïe fine peut même m'entendre affûter ma faux. Ces deux herbes furent pratiquement les premières que j'aie appris à distinguer, car je ne me savais pas encore entouré d'aussi nombreuses amies ; je ne voyais en elles que de simples herbes hautes. La couleur pourpre de leurs tiges me ravit autant que celle de la tige des phytolaques.

Songez au refuge qu'elles offrent, avant la fin du mois d'août, contre la rentrée des classes et la société qui isole ! Je puis rôder parmi les touffes d'herbe pourpre des bois à la lisière des « Grands Champs ». Où que j'aille me baguenauder ces après-midi-là, l'herbe aux doigts pourpres se dresse elle aussi comme un poteau indicateur et oriente mes pensées vers des sentiers plus poétiques que ceux qu'elles ont empruntés ces derniers temps.

Un homme peut très bien passer en vitesse à côté de ces plantes aussi hautes que lui, les piétiner, sans que l'on puisse lui dire qu'il connaissait leur existence, même s'il a pu en faucher des tonnes, en joncher le sol de ses étables et nourrir son bétail avec depuis des années. Et pourtant, pour peu qu'un jour il daigne les regarder plus attentivement, il est possible qu'il soit submergé par leur beauté. Chaque plante, si humble soit-elle, chaque mauvaise herbe, comme on les appelle, est là pour exprimer l'une de nos pensées ou de nos humeurs. Mais elle attend si longtemps en vain ! J'ai tant de fois marché à travers ces Grands Champs au mois d'août, sans jamais reconnaître vraiment les compagnes pourpres que j'avais là. En vérité, je les avais frôlées et piétinées, et voilà qu'à présent elles avaient l'air de se lever et de me bénir. La beauté et la vraie richesse sont toujours ainsi : bon marché et méprisées. Le paradis pourrait être défini comme l'endroit que les hommes évitent. Qui peut douter que ces herbes, auxquelles le fermier avoue ne pas accorder le moindre intérêt, trouvent quelque compensation à être appréciées ? Je puis dire que je ne les avais jamais vues auparavant. Pourtant, quand je suis allé les regarder en face, une lueur pourpre venue des années passées m'a envahi. Et désormais, où que j'aille, je ne vois pratiquement plus rien d'autre. C'est le règne et la présidence des andropogons.

Il n'est pas jusqu'aux sables eux-mêmes qui témoignent de l'influence mûrissante du soleil d'août et qui, à l'unisson avec les herbes grêles qui ondoient au-dessus, aient des reflets violacés. Les sables empourprés ! Telle est la conséquence de toute cette lumière absorbée par les pores des plantes et du sol. Toute la sève, tout le sang est désormais de la couleur du vin. Pour finir, nous avons non seulement la mer pourpre, mais aussi la terre pourpre.

Le faux sorgho penché ou herbe des Indiens, qui pousse ici et là sur les terrains en friche, quoique plus rare que la précédente (atteignant une hauteur de quatre à cinq pieds), est encore plus beau et arbore des couleurs encore plus vives que ses congénères, et nul doute qu'il a dû attirer le regard des Indiens. Cette plante possède une longue panicule étroite, unilatérale et légèrement inclinée, de belles fleurs jaunes et violettes, comme une bannière dressée au-dessus de ses feuilles graciles. Ces brillants étendards sont désormais postés sur les versants des collines, au loin, non pas en grandes armées, mais en troupes dispersées ou en simple file, comme les Peaux-Rouges. Ils se dressent là, beaux et flamboyants, représentatifs de cette race dont ils portent le nom, mais pour la plupart aussi ignorés qu'eux. L'expression de cette herbe m'a hanté pendant toute une semaine, après que, pour la première fois, je l'ai remarquée en passant devant elle, comme si quelqu'un m'avait jeté un coup d'œil. Elle ressemble à un chef indien embrassant une dernière fois du regard ses terrains de chasse préférés.

L'ÉRABLE ROUGE

Aux alentours du 25 septembre, les érables rouges commencent en général à être mûrs. Quelques-uns, très grands, ont changé à vue d'œil en l'espace d'une semaine et certains sont désormais resplendissants. J'en remarque un petit, à un demi-mile[11] d'ici, à l'autre bout d'une prairie, qui se détache sur le vert de la forêt, d'un rouge infiniment plus vif que les fleurs de n'importe quel arbre en été, et beaucoup plus voyant. J'ai observé cet arbre pendant plusieurs automnes d'affilée, qui, invariablement, change plus tôt que ses semblables, tout comme un arbre porte ses fruits à maturité plus tôt qu'un autre. Il pourrait ser-

11. Un mile vaut 1609,33 m.

vir à annoncer la nouvelle saison. J'aurais beaucoup de peine s'il était abattu. Je connais deux ou trois de ces arbres dans différents endroits de la ville que l'on pourrait éventuellement repiquer, en qualité d'arbres de septembre ou à maturité précoce, et, pour peu qu'on veuille s'en donner la peine, on pourrait faire la réclame de leurs graines sur les marchés, comme pour celles des radis.

À présent, ces buissons ardents se trouvent principalement à la lisière des prairies, et j'en distingue un peu plus loin, sur les versants des collines, ici et là. On peut en voir parfois de plus petits dans un marécage, pratiquement carmin, quand tous les autres arbres sont encore parfaitement verts, et la couleur de ces premiers en paraît d'autant plus vive. Ils vous prennent par surprise, quand vous passez à proximité, à travers champs, comme si c'était un joyeux campement de Peaux-Rouges ou d'autres habitants des bois, dont vous ignoriez l'arrivée.

Certains arbres isolés, totalement écarlates, en comparaison des autres de leur espèce encore verts ou de ceux à feuilles persistantes, sont plus mémorables encore que ne le seront, plus tard, des bosquets entiers. Quel beau spectacle quand un arbre tout entier ressemble à un gros fruit écarlate gorgé de jus bien mûr, chaque feuille, des branches les plus basses jusqu'à la cime, rougeoyant, en particulier si on regarde vers le soleil ! Quel objet plus remarquable peut-il bien y avoir dans le paysage ? Visible à des lieues à la ronde, trop beau pour y croire. Si pareil phénomène ne se produisait qu'une fois, il serait transmis par la tradition à la postérité et finirait par entrer dans la mythologie.

L'arbre tout entier qui mûrit ainsi en avance par rapport à ses congénères acquiert une prééminence singulière, qu'il conserve parfois pendant une semaine ou deux. Je ne laisse pas d'être émerveillé par le spectacle qu'offre cet arbre, portant haut son étendard écarlate pour le régiment des forestiers en habit vert, et je fais un détour d'un demi-mile pour aller l'examiner de plus près. Un seul arbre devient ainsi le parangon de la beauté d'un vallon herbeux, et la forêt tout entière s'en trouve aussitôt plus animée.

Un petit érable rouge a peut-être grandi au sommet d'une vallée isolée, à un mile de toute route, totalement ignoré. Il y a consciencieusement accompli les tâches qui incombent à un érable, durant tout l'hiver et tout l'été, n'a négligé aucune de ses réserves et s'est développé conformément à la nature d'un érable, au terme d'une croissance constante pendant de très nombreux mois, sans jamais aller se baguenauder nulle part, et il est plus près du ciel qu'il ne l'était au printemps. Il a consciencieusement économisé sa sève et procuré un abri pour l'oiseau de passage, il a mûri depuis longtemps ses graines et les a confiées aux quatre vents, et il a peut-être la satisfaction de savoir qu'un millier de petits érables bien sages ont déjà pris leur départ dans la vie quelque part. Il mérite bien du Royaume des Érables. Ses feuilles lui ont demandé de temps à autre, dans un murmure : « Quand allons-nous rougir ? » Et voilà qu'en ce mois de septembre, le mois des voyages, quand les hommes se dépêchent de gagner la mer, les montagnes ou les lacs, ce modeste érable, sans bouger d'un pouce, gagne en réputation – il hisse son drapeau écarlate sur ce flanc de colline, pour montrer qu'il a terminé son ouvrage d'été avant tous les autres arbres et qu'il se retire de la compétition. À la onzième heure de l'année, l'arbre qu'aucun examen minutieux n'avait pu détecter ici au plus fort de son travail est, par la couleur de sa maturité, par ses rougeurs mêmes, enfin révélé au voyageur indifférent et distant, dont il détourne les pensées de la route poussiéreuse pour les amener vers ces nobles solitudes qu'il habite. Il brille de mille feux, avec toutes les qualités, toute la beauté d'un érable – *Acer rubrum.* Désormais, son appellation[12], ou *rubrique,* est claire pour nous. Ses *vertus* sont écarlates, pas ses péchés.

Bien que l'érable rouge arbore une couleur écarlate plus intense qu'aucun autre de nos arbres, c'est l'érable à sucre[13] qui a été le plus célébré, et Michaux[14], dans

12. L'adjectif *rubrum* signifie « rouge ».
13. Ou érable dur, érable franc (*Acer saccharum*).

sa *Sylva*, ne parle pas des couleurs automnales du premier. Dès le 2 octobre, ces arbres, les grands comme les petits, sont resplendissants, bien que la plupart soient encore verts. Dans les « halliers », on a l'impression qu'ils rivalisent de beauté, et il s'en trouve toujours un au milieu de la foule pour afficher un écarlate particulièrement pur et, en raison même de ses couleurs vives, attirer notre regard même de loin et décrocher la palme. Un vaste marécage à érables rouges, au plus fort de sa transformation, est, sans conteste, de toutes les choses tangibles là où je vis, la plus éblouissante, tant cet arbre abonde par chez nous. Il varie beaucoup, tant dans la forme que dans la couleur. Bon nombre sont simplement jaunes, beaucoup sont écarlates, et d'autres, d'un écarlate qui vire au carmin, plus rouges qu'à l'ordinaire. Regardez là-bas ce marécage où les érables se mêlent aux pins, au pied d'une colline recouverte de ces arbres, à un quart de mile de distance, de sorte que vous aurez un aperçu complet de ces couleurs vives sans deviner les imperfections des feuilles, et que vous verrez leurs feux qui déploient toutes les nuances du jaune, de l'écarlate et du carmin, mêlés au vert avec

14. François André Michaux (1770-1855), botaniste, fils du botaniste et explorateur français André Michaux (1746-1802), auteur de deux œuvres précieuses sur les plantes d'Amérique du Nord, publia en trois volumes une *Histoire des arbres forestiers de l'Amérique septentrionale* (1810-1813), dont on tira une version anglaise, intitulée *The North American Sylva* (1817-1819).

lequel ils contrastent. Certains érables sont encore verts, juste jaunes ou bien avec une pointe de couleur carmin sur le pourtour de leur feuillage, comme sur le bord de la cupule d'une noisette ; d'aucuns sont tout entiers d'un écarlate lumineux, rayonnant bien régulièrement dans toutes les directions, bilatéralement, comme les veines d'une feuille ; d'autres, d'une forme plus irrégulière, quand je tourne légèrement la tête, en les détachant de leur réalité terrestre et en cachant le tronc de l'arbre, semblent flotter, empilés les uns sur les autres, à l'image de guirlandes enchevêtrées de nuages jaunes et écarlates ou de congères suspendues dans les airs, stratifiées par le vent. Ce qui contribue grandement à la beauté d'un tel marécage en cette saison, c'est que, même s'il n'y a pas d'autres arbres parsemés, on ne le voit pas comme une simple masse de couleur, mais, les arbres étant de couleurs et de tons différents, on distingue bien les contours de chaque cime en forme de croissant et l'endroit où l'un chevauche l'autre. Il n'en demeure pas moins qu'un peintre hésiterait avant de les détacher ainsi les uns des autres à cette distance.

Alors que je traverse une prairie pour gagner sans détour un terrain en pente douce par ce bel après-midi, j'aperçois, à une cinquantaine de perches de là, en direction du soleil, les cimes des érables dans un marécage qui dépassent de la crête de la colline d'un beau brun-roux ; elles dessinent une bande qui doit faire dans les vingt perches de long sur dix de large, arborant l'écarlate, l'orange et le jaune le plus intensément lumineux qui soient, susceptibles de rivaliser avec n'importe quelle fleur, n'importe quel fruit ou bien avec toutes les couleurs de la palette du peintre. À mesure que j'avance, réduisant du même coup la taille de la crête de la colline qui constitue le premier plan ferme ou cadre inférieur de la toile, l'intensité du buisson ardent révélé ne cesse d'augmenter, donnant à penser que le vallon encaissé tout entier regorge de ces couleurs. On s'étonne que les édiles et les censeurs ne soient pas sortis pour voir ce que voulaient ces arbres avec leurs couleurs chatoyantes et luxuriantes, de crainte que ne s'y niche quelque diablerie. Je ne vois pas ce que faisaient les Puritains[15] à cette saison de l'année, quand les érables brillent de mille feux écarlates. De toute évidence, ils ne pouvaient pas célébrer leur culte dans les bosquets à ce moment-là. C'est sans doute pour cette raison qu'ils ont bâti des temples et les ont enclos d'écuries.

15. On a appelé Puritains les Protestants les plus extrémistes, au XVIe siècle, au sein de l'Église anglicane. Avec la restauration de la monarchie en 1660, les Puritains, pour échapper à la grande persécution, allèrent créer des colonies en Amérique.

L'orme

Au même moment, aux alentours du 1er octobre, ou un peu plus tard, les ormes sont à l'apogée de leur beauté automnale – de grandes masses d'un jaune brunâtre, fraîchement sorties du four de septembre, surplombant la route. Leurs feuilles sont parfaitement à maturité. Je me demande d'ailleurs si l'on trouve une maturité équivalente dans la vie des hommes qui vivent en dessous. Quand je regarde notre rue, qui en est bordée, ces arbres me rappellent, tant par leur forme que par leur couleur, les gerbes jaunissantes de blé, comme si la moisson était venue elle-même au village et que nous puissions nous attendre à trouver enfin un peu de sagesse et de *saveur* dans les pensées des villageois. Sous ces éclatantes masses jaunes bruissantes, prêtes à tomber sur la tête des marcheurs, comment diable la vulgarité ou l'immaturité d'une pensée ou d'un acte pourrait-elle s'imposer ? Quand je me trouve à un endroit où une demi-douzaine d'immenses ormes se penchent au-dessus d'une maison, j'ai l'impression de me trouver à l'intérieur de l'écorce d'une citrouille mûre et d'être aussi moelleux que si j'étais, moi, la pulpe, même si je risque d'avoir un tant soit peu de fibres et de graines. À quoi ressemble la verdure tardive de l'orme anglais, semblable à un concombre hors saison, qui ne sait pas quand s'arrêter, comparée à la maturité précoce et dorée de son cousin américain ? La rue est le théâtre d'une grande fête de la moisson. Cela vaudrait le coup de planter ces arbres à plus grande échelle, ne serait-ce que pour leur valeur automnale. Songez un peu à ces grands dais ou parasols jaunes d'un mile d'envergure déployés au-dessus de nos têtes et de nos maisons, faisant du village un tout compact – un *ulmarium*[16], qui serait en même temps une pépinière d'hommes ! Et admirez ensuite comme ils relâchent avec douceur et discrétion leur fardeau pour laisser entrer le soleil à notre gré, leurs feuilles tombant sans bruit sur nos toits et dans nos rues : dès lors, le parasol du village est refermé et rangé ! Je vois le fermier qui se rend au marché sur son chariot disparaître avec *sa* récolte sous le dais formé par la cime des ormes, comme dans un immense grenier ou une vaste cour de ferme. Je suis tenté d'y aller comme pour assister au décorticage des pensées, désormais sèches et mûres, prêtes à être séparées de leurs téguments. Mais, hélas ! je crains de n'y trouver que des cosses et bien peu de pensées, du grain gâté tout juste bon pour les cochons ou les ânes, car on ne récolte jamais que ce que l'on a semé.

16. Le nom latin de l'orme est *Ulmus.*

Les feuilles tombées

Dès le 6 octobre, en général, les feuilles commencent à tomber, en douches successives, après la gelée ou la pluie. Mais la principale récolte de feuilles, l'apogée de l'*Automne*[17], intervient d'ordinaire aux alentours du 16. Un beau matin vers cette date, il a peut-être gelé plus fort que les jours précédents et de la glace s'est formée sous la pompe à eau ; désormais, quand le vent du petit matin se lève, les feuilles tombent en giboulées plus denses que jamais. Elles forment soudain d'épais lits ou tapis sur le sol, sous cette légère brise ou même en l'absence de tout vent, qui ont exactement la taille et la forme des arbres au-dessus. Certains arbres, comme les petits hickorys, semblent avoir perdu toutes leurs feuilles d'un seul coup, comme un soldat dépose les armes au commandement. Celles du hickory, qui, quoique flétries, sont d'un jaune encore vif, renvoient de la lumière du sol où elles gisent. Elles sont tombées de toutes parts, au tout premier coup de baguette de l'automne, en faisant un bruit de pluie.

Ou bien c'est après une période de temps humide et pluvieux que nous remarquons qu'il y a eu une importante chute de feuilles pendant la nuit, bien que

17. Jeu de mots intraduisible, *fall* signifiant à la fois « chute » et « automne ».

le coup de baguette n'ait sans doute pas été assez fort pour faire tomber les feuilles de l'érable dur. Les rues sont recouvertes d'une épaisse couche de ces trophées, et les feuilles tombées des ormes font un revêtement marron foncé sous nos pieds. Après un ou deux jours d'été indien remarquablement chauds, je me rends compte que c'est la chaleur inhabituelle qui, plus que le reste, provoque la chute des feuilles, étant donné qu'il n'y a pas eu de gel ni de pluie depuis un certain temps. La chaleur intense les fait mûrir et flétrir subitement, tout comme elle attendrit et mûrit les pêches et les autres fruits, et les fait tomber.

Les feuilles des érables rouges tardifs, qui ont encore des couleurs vives, jonchent le sol, avec souvent des taches pourpres sur fond jaune, comme des pommes sauvages – bien qu'elles ne conservent ces couleurs vives qu'un jour ou deux une fois à terre, en particulier s'il pleut. Sur les chaussées, je passe ici et là devant des arbres entièrement nus et fuligineux, ayant perdu leur parure chatoyante. Mais la voilà sur le sol, presque plus rayonnante que jamais, où elle dessine une silhouette pratiquement aussi régulière que sur l'arbre. Je serais enclin à dire que je vois d'abord les arbres qui sont ainsi à plat sur le sol, sorte d'ombre colorée permanente, et que les feuilles m'invitent à chercher ensuite les branches qui les ont portées. Une reine serait fière de marcher là où ces galants arbres ont déployé leurs habits de couleur sur la boue. Je vois des chariots rouler dessus comme sur une ombre ou un reflet, et les cochers leur prêtent aussi peu d'attention qu'ils n'en accordaient avant à leur ombrage.

Les nids des oiseaux, dans les buissons d'airelles et autres arbrisseaux, et dans les arbres, sont déjà en train de se remplir de feuilles flétries. Il y en a tellement qui sont tombées dans la forêt qu'un écureuil ne peut pas courir après une noisette chue à terre sans qu'on l'entende. Des gars les ratissent dans les rues, ne serait-ce que pour le plaisir d'avoir affaire à des substances aussi propres et craquantes. D'aucuns nettoient scrupuleusement les chemins et attendent de voir le prochain souffle de vent les joncher de nouveaux trophées. Le sol du marécage est recouvert d'un épais tapis, et le *Lycopodium lucidulum*[18] semble soudain plus vert au milieu de ces feuilles. Dans les forêts denses, elles recouvrent presque à moitié des mares de trois ou quatre perches de long. L'autre jour, j'ai eu du mal à trouver une source bien connue et j'ai même craint qu'elle fût asséchée, car elle était totalement cachée par des feuilles qui venaient tout juste de tomber ; quand je les ai écartées et que je l'ai mise au jour, c'était comme de frapper la terre avec la baguette d'Aaron[19],

18. Nom latin du lycopode brillant.

19. Allusion à la baguette d'Aaron dotée de pouvoir magique. Quand il la jeta à terre devant le Pharaon, au moment des plaies d'Égypte, elle se transforma en serpent (Exode 7 : 10). Mais ce fut aussi la seule des baguettes des douze tribus d'Israël à avoir fleuri

pour faire jaillir une nouvelle source. Avec elles, les terrains détrempés en bordure des marécages semblent secs. Dans l'un de ces marécages, où j'effectuais des travaux d'arpenteur[20], croyant marcher sur une rive recouverte de feuilles, après être passé par-dessus la clôture, je me suis enfoncé dans l'eau jusqu'au mollet.

Quand je me rends à la rivière le lendemain de la principale chute des feuilles, le 16, je retrouve ma barque entièrement recouverte, le fond comme les sièges, de feuilles tombées du saule doré sous lequel elle était amarrée et je mets à la voile avec une cargaison crissant sous mes pieds. Si je la vide, elle sera à nouveau pleine le lendemain. Je ne les considère pas comme une litière qu'il faut balayer, mais les accepte comme une paillasse ou une natte tout à fait convenable pour mon embarcation. Quand je remonte jusqu'à l'embouchure de l'Assabet[21], qui est boisée, d'immenses flottes de feuilles voguent à sa surface, comme pour regagner la haute mer, tout en laissant suffisamment de place pour louvoyer. Mais près du rivage, un peu plus haut, elles sont plus épaisses que

---

pendant la nuit sur l'Arche d'Alliance (Nombres 17 : 1-10). À noter que la baguette d'Aaron, appelée aussi verge d'or ou herbe des juifs (*Solidago virgaurea*), désigne une plante herbacée qui pousse à profusion à la fin de l'été.

20. Pour subvenir à ses besoins, Thoreau effectuait, en effet, des travaux d'arpentage.

21. Petit fleuve à l'ouest de Boston, dans le Massachusetts.

l'écume, masquant presque l'eau sur la largeur d'une perche, sous et parmi les aulnes, les céphalantes et les érables, encore parfaitement lumineux et secs, avec leurs fibres demeurées fermes ; dans une courbe rocheuse où elles sont arrêtées par le vent, elles forment parfois un large et dense croissant en travers de la rivière. Quand je tourne ma proue de ce côté et que la vague qu'elle forme vient se briser dessus, il faut entendre l'agréable crissement que font ces substances sèches en se frottant les unes contre les autres ! Souvent, c'est seulement leur ondoiement qui révèle qu'il y a de l'eau en dessous. De même, le moindre mouvement de la tortue des bois sur le rivage est trahi par leur frottement. Ou bien, au milieu de la rivière, quand le vent se lève, je les entends bouger en crissant. En amont, elles tournoient lentement dans un grand remous que fait la rivière, comme celui qu'on trouve au lieu dit des « Sapins-ciguës penchés », où l'eau est profonde et où le courant érode la berge.

Il arrive parfois que, par un après-midi comme celui-ci, quand l'eau est parfaitement calme et couverte de reflets, je pagaye doucement en me laissant porter par le courant principal et, en remontant l'Assabet, je gagne une anse tranquille, où je me retrouve soudain entouré par des myriades de feuilles, comme autant de compagnons de voyage, qui semblent avoir le même but ou la même absence de but que moi. Voyez cette grande flotte clairsemée de bateaux de feuilles au milieu desquels nous pagayons, dans cette crique paisible, avec, chacun, les bords retroussés par le savoir-faire du soleil, et où chaque nervure est aussi raide qu'une branche d'épinette – comme des pirogues de toutes formes –, la barque de Charon[22] se trouvant sans doute parmi les autres. Certains ont une proue et une poupe surélevées, comme les imposants vaisseaux de nos ancêtres, presque immobiles dans le courant indolent, qui font penser aux grandes armadas, aux denses cités chinoises flottantes, sur lesquelles on tombe en pénétrant dans un port important, comme New York ou Canton, dont nous approchons tous ensemble vaillamment. Avec quelle douceur chacune fut déposée sur l'eau ! Il n'a été fait usage d'aucune violence à leur encontre, bien que des cœurs aient pu battre en assistant à leur lancement. Et des canards peints, parmi lesquels le magnifique canard huppé, viennent souvent voguer et flotter parmi les feuilles peintes – barques d'un modèle encore plus noble !

Quelles saines décoctions d'herbes on pourrait tirer de ces marécages à cette époque-là ! Quelles fortes senteurs, médicinales mais riches, émanant de ces feuilles en putrescence ! La pluie qui arrose herbes et feuilles tout juste séchées, remplissant les

22. Le nocher des Enfers, fils d'Érèbe (les Ténèbres) et de Nyx (la Nuit), qui avait pour rôle de faire passer sur sa barque les ombres errantes des défunts à travers le fleuve Achéron.

mares et les digues dans lesquelles elles sont tombées, propres et roides, se transformera bientôt en thé – des thés verts, noirs, marron et jaunes, plus ou moins forts, en quantité suffisante pour que la Nature tout entière puisse y goûter tout en bavardant. Que nous les buvions ou non, avant qu'on n'en exprime le jus, ces feuilles, séchées dans les grandes cuves de la Nature, ont des nuances si variées et délicates qu'elles pourraient égaler en renom les thés orientaux.

C'est un mélange de toutes les espèces : chêne, érable, châtaignier et bouleau ! Mais la Nature ne s'en trouve pas encombrée pour autant ; en parfaite ménagère, elle les entrepose tous. Voyez un peu quelle immense récolte se trouve ainsi déversée chaque année sur la terre ! C'est là, plus encore que celles des céréales ou des graines, la grande moisson de l'année. Les arbres remboursent avec intérêt à la terre ce qu'ils lui ont pris. Ils versent même un escompte. Ils sont sur le point d'ajouter l'épaisseur d'une feuille à la profondeur du sol. C'est ainsi que procède la Nature pour, en beauté, obtenir son humus, pendant que moi je discute avec tel ou tel autre, qui me parle de soufre et de coût de transport. Nous nous enrichissons tous grâce à leur décomposition. Je m'intéresse davantage à cette récolte qu'à celle de l'herbe anglaise[23] ou du maïs. Elle pré-

23. Nom vernaculaire d'une graminée, l'agrostide vulgaire (*Agrostis vulgaria*).

pare le terreau vierge des futurs champs céréaliers et des forêts, dont la terre s'engraisse. Elle entretient la bonne humeur de nos fermes.

Aucune récolte ne peut lui être comparée en matière de beauté et de diversité. On y trouve non seulement le jaune uni des grains de blé, mais pratiquement toutes les couleurs que nous connaissons, y compris le bleu le plus éclatant : l'érable qui rougit précocement, le sumac vénéneux qui peint ses péchés en écarlate, le fusain bleu, le riche jaune chromé des peupliers, le rouge vif des airelles, dont sont peints les flancs des collines, comme ceux des moutons. Le gel les effleure et, au moindre souffle matutinal, à la moindre secousse de l'axe de la terre, il faut les voir descendre en grandes giboulées flottantes ! Le sol s'en retrouve tout multicolore. Mais elles vivent encore dans la terre, dont elles augmentent la fertilité et la masse, et dans les forêts qui en jaillissent. Elles se baissent pour mieux se relever, pour monter encore plus haut dans les années à venir, au terme d'une subtile alchimie, en grimpant dans la sève des arbres, et les premiers fruits de l'arbrisseau qui viennent de tomber, enfin transmués, peuvent garnir sa couronne quand, après plusieurs années, il est devenu le monarque de la forêt.

C'est agréable de marcher sur ces lits de feuilles fraîches, craquantes et bruissantes. Avec quelle magnificence elles vont au tombeau ! Avec quelle douceur elles se posent sur le sol et se transforment en humus ! – peintes d'un millier de nuances et prêtes à faire notre lit, à nous les vivants. Ainsi, légères et fringantes, elles accourent vers leur dernière demeure. Elles ne portent pas le deuil[24], mais vont gaiement, gambadant, choisissant l'endroit, jetant leur dévolu sur un emplacement, ordonnant qu'il n'y ait pas de clôture métallique, chuchotant à ce sujet à travers bois – d'aucunes jetant leur dévolu là où les corps des hommes se décomposent sous terre, les rencontrant à mi-chemin. Quelle agitation avant qu'elles ne reposent calmement dans leurs tombes ! Elles qui flottaient si crânement dans les airs, elles retournent de bon cœur à la poussière et se posent, résignées à gésir, à pourrir au pied de l'arbre et à nourrir de nouvelles générations de leur espèce autant qu'à voleter dans les hauteurs ! Elles nous apprennent comment mourir. On se demande si le temps viendra jamais où les hommes, avec une confiance fanfaronne dans l'immortalité, se coucheront avec autant de grâce et de maturité – s'ils se dépouilleront de leur corps comme ils le font de leurs cheveux et de leurs ongles, avec une sérénité d'été indien.

Quand les feuilles tombent, la terre entière devient un agréable cimetière où pénétrer. J'aime m'y prome-

24. Jeu de mots intraduisible, *weeds* signifiant à la fois « deuil » et « mauvaises herbes ».

ner et penser à elles sur leurs tombes. Ici, ni mensonges ni vaines épitaphes. Quelle importance que vous n'ayez pas de concession sur le mont Auburn[25] ? Une place vous est sûrement réservée dans ce vaste cimetière, qui a été consacrée de longue date. Vous n'avez pas besoin de participer à des enchères pour vous en assurer une. Il y a suffisamment de place ici. La salicaire fleurira à nouveau et le pinson chantera sur votre squelette. Le bûcheron et le chasseur seront vos sacristains, et les enfants piétineront les plates-bandes à l'envi. Allons marcher dans le cimetière des feuilles : c'est votre vrai cimetière de Greenwood[26].

L'ÉRABLE À SUCRE

Mais n'allez pas penser pour autant que la splendeur de l'année touche à son terme, car, de même qu'une feuille ne fait pas l'été, une feuille qui tombe ne fait pas l'automne. Les plus petits érables à sucre de nos rues, plus que tous les autres arbres, offrent un spectacle grandiose dès le 5 octobre. Quand je regarde la rue principale, ils ressemblent à des toiles peintes alignées devant les maisons ; et, pourtant,

25. Premier « cimetière-jardin » américain, fondé en 1831 à l'ouest de Cambridge, inspiré du cimetière du Père-Lachaise.
26. Cimetière du même type que le précédent, fondé à Brooklyn en 1838.

beaucoup sont verts. Mais à cette époque, ou en général vers le 17 octobre, quand pratiquement tous les érables rouges et quelques érables argentés sont dénudés, les grands érables à sucre sont eux aussi dans toute leur gloire, avec des chatoiements jaunes et rouges, et arborent des teintes vives et délicates. Ce qui fait leur particularité, c'est le contraste qu'ils offrent souvent entre le beau rouge foncé d'une part et le vert d'autre part. Ils finissent par devenir des masses compactes de jaune vif avec une pointe, voire plus, d'écarlate foncé, sur les parties exposées au soleil. Ce sont les arbres les plus radieux de la rue.

Dans notre terrain communal, les grands érables à sucre sont particulièrement beaux. La couleur dominante est désormais un jaune délicat, plus chaud que doré, avec des joues écarlates. Et pourtant, si je me tiens à l'est de notre terrain communal, juste avant le coucher de soleil, quand la lumière passe à travers leurs feuillages, je m'aperçois que leur couleur jaune, comparée au pâle jaune citron d'un orme voisin, vire au carmin, sans pour autant faire ressortir les portions les plus pigmentées. En général, ce sont de grandes masses ovales régulières de jaune et d'écarlate. Toute la chaleur ensoleillée de la saison, l'été indien, semble avoir été absorbée dans leurs feuilles. Les feuilles les plus basses et les plus proches du tronc sont, comme d'habitude, d'un jaune et d'un vert très délicats, semblables au teint des jeunes gens élevés à la maison. Il y a une vente aux enchères sur le terrain communal aujourd'hui, mais son drapeau rouge est difficile à discerner dans ce brasier de couleurs.

Les édiles de la ville n'ont guère su anticiper ce brillant succès, quand ils firent venir de l'intérieur des terres des poteaux droits étêtés, qu'ils appelèrent érables à sucre. Et, autant qu'il m'en souvienne, après avoir été mis en terre, le commis d'un magasin voisin, par plaisanterie, a planté des haricots tout autour d'eux. Ceux que l'on appelait alors pour rire des tuteurs à haricots sont aujourd'hui, de loin, la plus belle chose que nous puissions voir dans nos rues. Ils valent bien plus que ce qu'ils ont coûté – bien qu'un conseiller municipal, en les installant, eût attrapé un rhume qui causa sa mort –, ne serait-ce que parce qu'ils ont comblé sans compter, avec leurs riches couleurs, les yeux ouverts des enfants chaque nouveau mois d'octobre. Nous n'allons pas leur demander de nous donner du sucre au printemps, alors qu'ils nous offrent un si beau spectacle à l'automne. La richesse gardée entre quatre murs peut être l'héritage de quelques-uns, mais elle est distribuée équitablement sur le terrain communal. Tous les enfants sans exception peuvent se délecter de cette moisson dorée.

Il me semble évident que ces arbres devraient être plantés dans nos rues avec, en vue, leur splendeur d'octobre, même si je crains que ce soit le cadet des soucis de la « Société de protection des arbres ». Ne pensez-vous pas que le fait qu'ils aient été élevés sous des érables puisse changer quelque chose pour ces enfants ? Des centaines d'yeux s'imprègnent régulièrement de cette couleur, et même les cancres sont attrapés et éduqués par ces professeurs sitôt qu'ils font un pas dehors. En effet, aujourd'hui, dans les écoles, on n'enseigne rien sur les couleurs, pas plus aux bons qu'aux mauvais élèves. Au contraire, celles-ci leur montrent les couleurs criardes des boutiques d'apothicaires et des vitrines en ville. Quel dommage que nous n'ayons pas davantage d'érables *rouges* et d'hickorys dans nos rues. Notre boîte de couleurs reste très incomplète. Au lieu ou en plus d'offrir ces boîtes de couleurs comme nous le faisons, nous pourrions offrir aux jeunes ces couleurs naturelles. Où donc étudieront-ils les couleurs sous de meilleurs auspices ? Quelle école de dessin peut rivaliser avec cela ? Pensez à ce que les yeux des peintres de toutes sortes, des fabricants de tissu, de papier et de tenture, et de tant d'autres encore pourraient apprendre de ces couleurs automnales. Les enveloppes du papetier peuvent être de teintes variées, mais pas aussi variées que celles des feuilles d'un seul arbre. Si vous cherchez une nuance ou un ton différent pour une couleur donnée, vous n'aurez qu'à regarder plus attentivement à l'intérieur et à l'extérieur d'un arbre ou d'une forêt. Ces feuilles ne subissent pas plusieurs bains de coloration, comme à la teinturerie, mais elles ne sont teintes qu'à la lumière du jour, avec une infinie variété d'intensité, et laissées là à sécher.

Les noms de nombre de nos couleurs continueront-ils à découler de ceux d'obscures localités étrangères, comme le jaune de Naples, le bleu de Prusse, la terre de Sienne, la terre brûlée d'Ombrie, le jaune du Cambodge (le pourpre de Tyr doit avoir pâli depuis le temps), ou d'articles de commerce relativement triviaux – chocolat, citron, café, cannelle, bordeaux (est-ce que nous comparerons notre hickory à un citron ou bien un citron à un hickory ?) – ou bien encore de minerais et d'oxydes que très peu ont vus ? Est-ce que, comme nous le faisons souvent quand nous décrivons à nos voisins la couleur d'une chose que nous avons vue, nous allons nous référer non pas à un objet naturel qui nous est familier, mais à je ne sais quel morceau de terre venu de l'autre bout de la planète, qu'ils pourraient trouver chez l'apothicaire, mais que sans doute ni eux ni nous n'avons jamais vu ? N'avons-nous pas une *terre* sous nos pieds – ouida, et un ciel au-dessus de nos têtes ? Ou ce dernier est-il *uniquement* outremer ? Que savons-nous du saphir, de l'améthyste, de l'émeraude, du rubis, de l'ambre et des autres pierres précieuses, nous qui, pour la plupart, utilisons ces noms en vain ? Laissons ces mots précieux aux ébénistes, aux virtuoses et aux demoiselles d'honneur – aux nababs, bégums et autres chobdars de l'Hindoustan. Je ne vois pas pourquoi, depuis qu'on a découvert l'Amérique et ses forêts en automne, nos feuilles ne pourraient faire jeu égal avec les pierres précieuses pour donner leurs noms aux couleurs. De fait, je suis convaincu qu'au fil du temps les noms de certains de nos arbres et arbrisseaux, et même de nos fleurs, feront leur entrée dans notre nomenclature chromatique populaire.

Mais ce qui est encore plus important que de connaître les noms et les nuances des couleurs, c'est la joie et la jubilation que font naître ces feuilles bariolées. Ces arbres chatoyants, dans la rue, sans autre ornementation, méritent au moins un jour ou même une semaine de fête annuelle. Ce sont là des jours de gala bon marché et innocents, célébrés par tout un chacun sans l'aide de comités ni de superviseurs, un spectacle tel qu'il peut être autorisé en toute sécurité étant donné qu'il n'attire ni joueurs ni marchands de rhum, et qu'il n'a pas besoin de faire appel à la moindre police spéciale pour maintenir l'ordre. Et le mois d'octobre doit être bien pauvre dans un village de Nouvelle-Angleterre sans érables pour border ses rues. Ce festival d'octobre ne coûte ni poudre ni carillon, mais chaque arbre est un arbre de la liberté[27] vivant sur lequel un millier d'étendards chatoyants claquent au vent.

27. Les arbres de la Liberté apparaissent en France au lendemain de la Révolution. Il s'agit de mâts ornés de rubans et de cocardes rouges, coiffés d'un bonnet rouge à leur sommet.

Rien d'étonnant à ce que nous voulions organiser nos comices agricoles annuels, nos manœuvres d'automne, voire même nos *cornwallis*[28], nos assises de septembre et cætera. La Nature elle-même organise sa fête annuelle en octobre, non seulement dans les rues, mais dans chaque vallon et sur chaque flanc de colline. Quand nous avons contemplé récemment ce marécage d'érable rouge embrasé, où les arbres avaient revêtu leurs habits aux couleurs les plus éblouissantes, est-ce que cela ne nous évoquait pas une assemblée de gitans – peuple capable de réjouissances effrénées – ou même le retour sur terre des faunes, des satyres et des hamadryades de la mythologie ? Ou bien ne pensions-nous qu'à un rassemblement de bûcherons fatigués ou de propriétaires venus inspecter leurs terrains ? Ou avant cela, quand nous pagayions sur la rivière dans l'atmosphère subtile de septembre, est-ce qu'il ne nous a pas paru que quelque chose de nouveau se tramait sous la surface scintillante de l'eau, une sorte de branle-bas de combat d'accessoires de théâtre, qui nous incita à nous dépêcher afin d'être à l'heure pour la représentation ? Les rangées de saules et de céphalantes jaunissants sur chaque rive ne ressemblaient-elles pas à des rangées de baraques sous lesquelles, peut-être, un lait de poule[29] fluvial tout aussi jaune était en effervescence ? Tout

---

28. Il s'agit vraisemblablement d'une sorte de parade militaire.
29. Boisson traditionnelle américaine préparée à base de lait et de

cela ne suggérait-il pas que l'esprit de l'homme devrait s'élever aussi haut que celui de la Nature, brandir son étendard, et que la monotonie de son existence devrait être interrompue par une démonstration analogue de joie et de liesse ?

Aucune manœuvre, aucun rassemblement militaire annuel, aucune commémoration avec écharpes et bannières, ne serait capable d'apporter à la ville un centième de la splendeur annuelle d'octobre chez nous. Nous n'avons qu'à planter les arbres ou les laisser là où ils sont, et la Nature trouvera les draperies bariolées – drapeaux de toutes ses nations, dont certains signaux confidentiels sont à peine déchiffrables, même pour le botaniste –, tandis que nous marchons sous les arches triomphales des ormes. Laissons à la Nature le soin d'en décider la date, qu'elle soit ou non la même dans les États voisins, et laissons le clergé lire ses proclamations, si tant est qu'ils puissent les comprendre. Voyez un peu le drapeau chatoyant du chèvrefeuille ! Quel riche marchand jouant les mécènes a, selon vous, financé cette partie du spectacle ? Je ne connais pas de plus beaux bardeaux, de plus belle peinture que cette vigne vierge qui recouvre à présent tout un côté de certaines maisons. Je ne crois pas que le lierre *toujours verdoyant*[30]

jaune d'œuf, que l'on sert le soir de Noël, et à laquelle on prête des vertus reconstituantes.

30. Allusion au poème « *Lycidas* » de l'Anglais John Milton (1608-1674) qui parle du « lierre toujours verdoyant ».

puisse supporter la comparaison. Rien d'étonnant à ce qu'il ait été introduit à grande échelle à Londres. Alors je dis, faisons en sorte d'avoir une bonne quantité d'érables, d'hickorys et de chênes écarlates. Que cela flamboie ! Ce terne oriflamme rangé dans l'arsenal est-il le seul étendard qu'un village puisse arborer ? Un village n'est pas complet s'il n'a pas d'arbres pour marquer les saisons. Ils sont aussi importants que l'horloge municipale. Un village qui en est dépourvu ne fonctionnera pas bien. Il a un écrou desserré, il lui manque une pièce essentielle. Plantons des saules pour le printemps, des ormes pour l'été, des érables, des châtaigniers et des toupelos pour l'automne, des arbres à feuilles persistantes pour l'hiver, et des chênes pour toutes les saisons. Qu'est-ce qu'une exposition dans une maison, comparée à une exposition dans les rues, que traverse chaque fermier quand il se rend au marché, qu'il le veuille ou non ? Bien sûr, il n'y a pas de galerie de peintures dans le pays qui vaille à nos yeux le spectacle qu'offre le soleil couchant sous les ormes de notre grand-rue. Ces derniers constituent le cadre d'une toile qui est peinte chaque jour derrière eux. Une avenue d'ormes aussi grands que le plus grand d'entre nous et qui ferait trois miles de long donnerait l'impression de mener vers un endroit admirable, quand bien même on ne trouverait que C.[31] à son extrémité.

31. Concord, la ville natale de Thoreau.

Un village a besoin de ces stimulants innocents que constituent les perspectives chatoyantes et radieuses pour chasser la mélancolie et la superstition. Montrez-moi deux villages, dont l'un se trouve enfoui sous les arbres et irradie de toute la magnificence d'octobre, et l'autre n'est qu'une terre inculte, triviale et dépourvue de tout arbre, à l'exception, éventuellement, d'un ou deux pour les suicides, et je suis certain que c'est dans ce dernier que l'on trouvera les cagots les plus asséchés et les ivrognes les plus désespérés. Chaque baquet, chaque pot de lait et chaque pierre tombale se trouvera exposé en plein jour. Les habitants disparaîtront brusquement derrière leurs granges et leurs maisons, comme les Arabes du désert derrière leurs rochers, et je m'attendrai presque à les voir brandir des lances. Ils seront prêts à accepter la doctrine la plus stérile et la plus désespérée – comme quand le monde court à sa fin, qu'il y est déjà parvenu ou qu'eux-mêmes se sont tournés du mauvais côté. Peut-être même qu'ils feront craquer leurs jointures sèches l'une contre l'autre et qu'ils appelleront cela une communication spirituelle.

Mais revenons aux érables. Et si, pour les protéger, nous nous donnions ne serait-ce que la moitié du mal que nous nous donnons à les planter ? Ne soyons pas assez bêtes pour attacher nos chevaux aux tiges de nos dahlias !

Quelle idée avaient-ils derrière la tête, nos pères fondateurs, quand ils établirent avant l'Église cette institution *parfaitement vivante* ; cette institution qui n'a pas besoin qu'on la répare ni qu'on la repeigne, et qui s'agrandit et se répare en croissant ? Nul doute qu'ils

> « Œuvrèrent avec une triste sincérité ;
> Incapables eux-mêmes, de Dieu s'affranchir ;
> Ils ont *planté* mieux qu'ils ne le pensaient ;
> Les *arbres* conscients grandissent vers la beauté. »[32]

Il est indéniable que ces érables sont des prédicateurs bon marché, installés à demeure, qui délivrent leurs sermons pendant un demi-siècle, un siècle, voire même un siècle et demi, avec une onction et une influence qui ne cessent de croître, en veillant sur plusieurs générations d'hommes. Et le moins que nous puissions faire, c'est, quand ils deviennent infirmes, de leur adjoindre des collègues appropriés.

---

32. Thoreau détourne ici un poème, « *The Problem* » de son ami le philosophe transcendantaliste Ralph Waldo Emerson (1803-1882).

Le chêne écarlate

Appartenant à un genre qui se caractérise par la belle forme de ses feuilles, je ne suis pas loin de penser que certaines feuilles de chênes écarlates dépassent, par la beauté riche et sauvage de leurs contours, celles de tous les autres chênes. J'en puis juger d'après l'observation d'une douzaine d'espèces et d'après les dessins de nombreuses autres que j'ai vues.

Plantez-vous sous cet arbre et voyez le beau profil que dessinent ses feuilles dans le ciel – en fait, juste quelques pointes effilées qui partent de la nervure centrale. Elles ressemblent à des doubles, triples ou quadruples croix. Elles sont beaucoup plus éthérées que les feuilles des autres chênes, moins profondément festonnées. Elles possèdent si peu de matière foliaire qu'elles donnent l'impression de se fondre dans la lumière et de ne presque pas obstruer notre regard. Les feuilles des tout jeunes plants ont, comme celles de la plupart des autres espèces de chênes à maturité, des contours plus entiers, plus simples et plus maladroits, mais, une fois accrochées tout en haut des vieux arbres, elles ont résolu le problème foliaire. En s'élevant et en se sublimant de plus en plus, en se dépouillant de leur matérialité et en cultivant davantage d'intimité avec la lumière au fil des ans, elles finissent par avoir la plus infime part possible de matière terrestre et par développer la plus grande surface susceptible de capter l'influence céleste. Là, elles dansent, main dans la main avec la lumière – la faisant virevolter sur leurs pointes fantastiques, partenaires de danse idéaux dans ces salles aériennes. Elles se confondent si intimement avec elle que, étant donné leur finesse et l'éclat de leurs surfaces, il devient difficile de dire qui, dans la danse, est la feuille et qui est la lumière. Et quand nul zéphyr ne souffle, elles sont tout au plus de riches dentelles sur les fenêtres ajourées de la forêt.

Je suis à nouveau frappé par leur beauté quand, un mois plus tard, elles jonchent, en un épais tapis, le sol des bois, empilées les unes sur les autres sous mes pieds. Elles sont alors marron sur le dessus, mais pourpres en dessous. Avec leurs lobes étroits et leurs profonds festons qui vont pratiquement jusqu'au centre, elles laissent supposer que la matière doit être bon marché ou bien qu'il y a eu beaucoup de gaspillage dans leur création, puisqu'on en a coupé tellement. Ou alors elles nous semblent être les chutes de l'étoffe dans laquelle les feuilles ont été découpées avec un emporte-pièce. De fait, quand elles sont ainsi couchées les unes sur les autres, elles nous évoquent une pile de copeaux d'étain.

Rapportez-en une chez vous et étudiez-la attentivement à loisir, près de l'âtre. C'est une sorte qui ne provient pas d'une fonte d'Oxford, qui n'est ni un caractère basque ni un caractère cunéiforme, que l'on ne trouve pas dans la pierre de Rosette[33], mais qui est destiné à être reproduit un jour en sculpture, si tant est que l'on taille la pierre par ici. Quels beaux contours biscornus, un mélange de courbes et d'angles gracieux ! Les yeux se posent avec autant de plaisir sur ce qui est et ce qui n'est pas la feuille – sur les larges sinus libres et ouverts, et sur les longs lobes aux pointes effilées. Un simple ovale suffirait à inclure le tout, pour peu que vous reliiez les points de la feuille, mais elle est infiniment plus riche que cela, avec sa demi-douzaine de profonds festons, dans lesquels plongent l'œil et la pensée du spectateur ! Si j'étais professeur de dessin, j'enverrais mes élèves reproduire ces feuilles, pour qu'ils puissent apprendre à dessiner avec grâce et fermeté.

Si on la compare à de l'eau, elle ressemble à une mare avec une demi-douzaine de larges promontoires arrondis qui s'enfoncent pratiquement jusqu'à son centre, trois de chaque côté, avec des baies qui pénètrent loin à l'intérieur des terres, comme de fins estuaires à l'extrémité desquels se déversent plusieurs petits ruisseaux – une sorte d'archipel foliaire.

Mais le plus souvent c'est la terre qu'elle suggère

33. Le célèbre fragment de stèle en granite noir, découvert en 1799 dans un village égyptien, qui sera déchiffré par Jean-François Champollion (1790-1832).

et, de même que Denys[34] et Pline[35] comparaient la forme de la Morée[36] à celle d'une feuille de platane d'Orient, la feuille du chêne écarlate m'évoque quelque belle île sauvage dans l'océan, dont les longues côtes, où alternent baies arrondies, grèves régulières et caps rocheux effilés, la rendent parfaitement appropriée à l'installation de l'homme et la destinent à devenir par la suite un centre de la civilisation. Pour l'œil du marin, c'est un rivage très déchiqueté. N'est-ce pas, en fait, une rive pour l'océan aérien, sur laquelle vient frapper le ressac du vent ? Quand nous voyons cette feuille, nous sommes tous des navigateurs – voire même des Vikings, des boucaniers et des flibustiers. Elle aiguise dans le même temps notre goût du repos et notre esprit d'aventure. D'un simple coup d'œil, nous nous disons peut-être que, si nous parvenions à doubler ces caps accidentés, nous trouverions de profonds havres sûrs et calmes dans les amples baies. Elle est si différente de la feuille du chêne blanc, avec ses promontoires arrondis, sur lesquels aucun phare n'a été installé !

---

34. Denys le Périégète (Dionysius Periegetes, Ier siècle après J.-C.), auteur d'un poème sur la géographie intitulé *Pérégèse, ou Voyage autour du monde.*
35. Pline l'Ancien (Gaius Plinus Secundus, 23-79 après J.-C.), naturaliste romain, auteur d'une monumentale encyclopédie, intitulée *Histoire naturelle.*
36. Autre nom du Péloponnèse.

C'est une Angleterre, avec sa longue histoire civile, que l'on peut y lire. C'est quelque Terre-Neuve ou île des Célèbes encore inhabitée. Irons-nous là-bas pour en devenir les rajahs ?

Vers le 26 octobre, les grands chênes écarlates sont à leur apogée, quand, en général, les autres chênes sont en train de se flétrir. Ils ont allumé leurs feux depuis une semaine et, à présent, ils flamboient comme un incendie. C'est le seul de *nos* arbres caducs indigènes (à l'exception du cornouiller, dont je ne connais qu'une demi-douzaine d'exemplaires, et encore ne sont-ils que de grands buissons) à être, à cette époque, au summum de sa gloire. Les deux trembles et l'érable à sucre s'en rapprochent le plus par la date, mais ils ont perdu la majeure partie de leurs feuilles. Sur les arbres à feuillage persistant, en général seul le pitchpin est encore chatoyant.

Mais cela exige une vigilance toute particulière, à défaut d'une véritable dévotion pour ces phénomènes, pour apprécier l'extraordinaire apothéose tardive et inattendue des chênes écarlates. Je ne parle pas ici des arbustes et des arbrisseaux, que l'on observe couramment et qui sont à présent flétris, mais des arbres adultes. La plupart des gens rentrent et referment la porte derrière eux, convaincus que novembre, morne et grisâtre, est déjà là, alors que les couleurs les plus chatoyantes et les plus mémorables n'ont pas encore éclaté.

Celui-ci, parfait et vigoureux, dans les quarante pieds de haut, se dressant au beau milieu d'un pré, qui était d'un vert chatoyant vers le 12, est maintenant, le 26, tout entier d'un bel écarlate vif foncé – comme si chaque feuille, entre le soleil et vous, avait été trempée dans une teinture écarlate. L'arbre entier ressemble à un véritable cœur, tant par la forme que par la couleur. Est-ce que cela ne méritait pas de patienter pour assister à un tel spectacle ? Qui aurait pensé, dix jours plus tôt, que cet arbre d'un vert banal prendrait cette couleur ? Ses feuilles sont encore solidement attachées, alors que celles des autres arbres tombent tout autour. Il semble nous dire : « Je suis le dernier à rougir, mais je rougis plus fort que n'importe lequel d'entre vous. Je ferme la marche dans mon manteau rouge. Nous, les écarlates, sommes les seuls chênes à ne pas avoir déposé les armes. »

La sève maintenant, et même beaucoup plus tard en novembre, circule souvent vite dans ces arbres, comme dans les érables au printemps et, apparemment leurs teintes éclatantes, alors que la plupart des autres arbres ont fané, sont liées à ce phénomène. Ils sont pleins de vie. Ce vin de chêne musclé a un goût de gland astringent plutôt agréable, comme j'ai pu le constater en faisant une incision avec mon couteau.

Quand on regarde à travers cette vallée boisée, large d'un quart de mile, comme ils semblent riches, ces chênes écarlates au milieu de tous ces pins avec lesquels ils entremêlent leurs branchages ! C'est là qu'ils font le plus d'effet. Les branches de pins sont le calice vert de leurs rouges pétales. Et, si on longe les bois, avec le soleil à contre-jour, les tentures rouges des chênes, qui se mêlent un peu partout au vert liquide des pins, constituent un tableau magnifique. De fait, sans les arbres à feuilles persistantes pour assurer le contraste, les teintes automnales perdraient beaucoup de leur effet.

Le chêne écarlate nécessite un ciel clair et la luminosité des derniers jours d'octobre. Cela fait ressortir ses couleurs. Si le soleil est masqué par un nuage, celles-ci ne se distinguent pratiquement plus. Alors que je suis assis sur une falaise au sud-ouest de notre ville, le soleil est en train de se coucher et les bois à Lincoln, au sud et à l'est de l'endroit où je me tiens, sont éclairés par ses rayons les plus ras. Des chênes écarlates, disséminés un peu partout dans la forêt, émane une rougeur encore plus vive que ce à quoi je m'attendais. Chaque représentant de cette espèce visible à perte de vue, même jusqu'à l'horizon, se détache bien nettement par le rouge de son feuillage. Dans la ville voisine, certains, très grands, dressent leurs dos rouges bien haut au-dessus des bois, comme d'immenses roses avec une myriade de pétales. Et d'autres, plus élancés, au milieu d'un petit bosquet de pins blancs sur la colline, à notre droite, au seuil de l'horizon, qui alternent avec les pins à l'orée du bosquet en question et les recouvrent de leurs manteaux rouges, ressemblent à des soldats en uniforme rouge au milieu de chasseurs tout de vert vêtus. Cette fois, c'est du vert de Lincoln[37]. Avant que le soleil se couche, je ne pensais pas qu'il y eût autant de *redcoats*[38] dans l'armée de la forêt. Leur uniforme est d'un rouge intense et ardent, dont je pense qu'il perdrait un peu de sa force si l'on venait à se rapprocher d'eux, car l'ombre qui se cache dans leur feuillage ne se voit pas à cette distance, ce qui fait qu'ils paraissent d'un rouge uni. Le reflet de leurs couleurs se concentre quelque part dans le ciel. Chacun de ces arbres devient, pour ainsi dire, un noyau de rouge où, avec le soleil déclinant, cette couleur se développe et flamboie. C'est un feu qui puise en partie sa force dans les rayons de soleil en se réfléchissant dans votre œil. Au départ, il n'a que quelques feuilles d'un rouge terne comme point de ralliement, ou petit bois, et il devient un brouillard ou un feu d'un écarlate ou d'un rouge intense, qui trouve de quoi s'alimenter dans l'atmosphère même. La rougeur est si vive. Même les rails renvoient une lumière rosée à cette heure en pareille saison. On voit un arbre plus rouge qu'il ne l'est en réalité.

---

37. Une couleur de tissu fabriquée, à l'origine, à Lincoln, en Angleterre.
38. Nom que l'on donnait aux soldats anglais, en raison de leur uniforme rouge.

Si vous voulez compter les chênes écarlates, il faut le faire à cette période. Par une belle journée, installez-vous dans un bois au sommet d'une colline, quand le soleil va bientôt se coucher et où chacun, dans votre champ de vision, sauf à l'ouest, va se révéler. Autrement, vous pourriez vivre aussi vieux que Mathusalem sans jamais en apercevoir la moindre trace. Pourtant, il m'est arrivé parfois, par une journée sombre, de les trouver plus lumineux que jamais. Quand on regarde à l'ouest, leurs couleurs se perdent dans un flamboiement de lumière, mais, dans les autres directions, la forêt tout entière est un jardin en fleurs, dans lequel rayonnent ces roses tardives, alternant avec le vert, tandis que les soi-disant « jardiniers », marchant ici et là sous leur couvert, avec leur bêche et leur arrosoir, ne voient au mieux que quelques petits asters au milieu des feuilles flétries.

Ce sont *mes* asters de Chine, *mes* fleurs de jardin tardives. Pas besoin de payer un jardinier. Les feuilles qui tombent, dans toute la forêt, protègent les racines de mes plantes. Contentez-vous de regarder ce qu'il y a à voir et vous aurez tout le jardin que vous voulez, sans retourner la terre dans votre cour. Nous n'avons qu'à lever un peu les yeux pour voir la forêt entière comme un jardin. La floraison du chêne écarlate, la fleur de la forêt, surpasse tout le reste en splendeur (du moins depuis que les érables ont fleuri) ! J'ignore pourquoi ils m'intéressent davantage que les érables. Peut-être parce qu'ils sont si largement et régulièrement disséminés dans les bois ; peut-être parce qu'ils sont si vigoureux, un arbre plus noble dans l'ensemble, notre principale fleur de novembre, qui attend avec nous la venue de l'hiver, insufflant de la chaleur aux paysages de novembre. Il est remarquable que la dernière couleur vive à se manifester de façon générale soit cet écarlate et ce rouge foncé, la plus intense des couleurs. Le fruit le plus mûr de l'année, pareil à une pomme dure, d'un rouge luisant, provenant de la froide île d'Orléans[39], qui ne sera pas assez moelleuse pour être mangée avant le printemps suivant ! Quand je gagne le sommet d'une colline, un millier de ces grands chênes se dressent, répartis sur tous les versants, à perte de vue ! Je les admire jusqu'à quatre ou cinq miles de là ! Voilà le spectacle inépuisable auquel j'assiste depuis une quinzaine de jours ! Cette fleur tardive de la forêt surpasse tout ce que peut faire le printemps ou l'été. En comparaison, leurs couleurs n'étaient que de rares taches délicates (créées pour ceux qui ont la vue basse et marchent au milieu des sous-bois et des herbes les plus humbles), et étaient imperceptibles pour un œil lointain. Désormais, c'est une vaste forêt ou un versant de montagne, que nous parcourons jour après jour, qui fleurit d'un seul coup. En comparaison, notre jardi-

39. L'île d'Orléans est située en banlieue de la ville de Québec, sur le fleuve Saint-Laurent.

nage se fait à une échelle minuscule – le jardinier soigne encore quelques asters au milieu des mauvaises herbes mortes, ignorant les asters et les roses gigantesques qui lui font de l'ombre et ne réclament pas de soin. C'est comme un peu de peinture rouge pilée dans une soucoupe et offerte au soleil couchant. Pourquoi ne pas prendre plus de hauteur et de recul, aller marcher dans ce grand jardin au lieu de se terrer dans un de ses petits recoins « viciés » ? Regardez donc la beauté de la forêt et pas seulement quelques herbes confisquées !

Lancez-vous à présent dans des promenades plus aventureuses : gravissez les collines. Si, fin octobre, vous grimpez sur l'une ou l'autre colline aux alentours de notre ville, et probablement de la vôtre, regardez pardessus la forêt et vous verrez peut-être – eh bien, ce que je m'efforce de décrire. Vous *verrez* tout cela, et bien plus encore, si vous êtes prêt à le voir – si vous le *regardez*. Le cas échéant, si régulier et universel que soit ce phénomène, que vous vous trouviez au sommet ou au pied d'une colline, vous penserez pendant trois fois vingt ans plus dix[40] que tout le bois est, à cette saison, marron et desséché. Les objets sont cachés à notre regard, non pas tant parce qu'ils se trouvent hors de notre champ visuel que parce que nous ne concentrons

40. « Les jours de nos années s'élèvent à trois fois vingt ans plus dix », Psaumes, LXXXIX, 10.

pas notre esprit et notre regard sur eux. Car l'œil lui-même n'a pas plus de faculté visuelle que n'importe quelle autre gelée. Nous ne réalisons pas que nous devons ajuster notre champ de vision, soit de façon large et profonde, soit de façon rapprochée et resserrée. La majeure partie des phénomènes de la Nature nous sont, pour cette raison même, dissimulés toute notre vie. Le jardinier ne voit que son jardin. Ici aussi, comme dans l'économie politique, l'offre répond à la demande. La Nature ne jette pas de perles aux cochons. Il y a autant de beauté visible pour nous dans le paysage que nous sommes prêts à en apprécier – pas une once de plus. Ce que deux hommes voient depuis tel sommet de colline est aussi différent que les deux observateurs eux-mêmes. Le chêne écarlate doit, en un sens, être dans vos yeux quand vous vous mettez en route. Nous ne pouvons rien voir tant que nous n'avons pas été possédés par l'idée de la chose en question, que nous ne nous la sommes pas mise en tête – auquel cas nous ne pouvons pratiquement rien voir d'autre. Dans mes excursions botaniques, je me rends compte que, dans un premier temps, l'idée ou l'image d'une plante occupe mes pensées, bien qu'elle puisse être totalement étrangère à cette localité – pas plus proche que la baie de Hudson – et, pendant des semaines ou des mois, je continue d'y penser et de l'attendre, inconsciemment, si bien que je finis immanquablement par la voir. C'est comme cela que j'ai découvert un certain nombre de plantes rares que je pourrais nommer. Un homme ne voit que ce qui l'intéresse. Un botaniste absorbé dans l'étude des herbes ne remarque pas les grands chênes dans le pré. Il piétine, pour ainsi dire, les chênes par mégarde, ou au mieux ne voit que leur ombre. J'ai découvert qu'il fallait une intention différente du regard, au même endroit, pour voir des plantes différentes, même quand elles appartiennent à des familles proches, comme les joncacées et les graminées : quand j'étudiais les premières, je n'ai pas vu les secondes, qui se trouvaient au milieu d'elles. Comme il faut des intentions autrement plus différentes de l'œil et de l'esprit pour accéder aux différents départements du savoir ! Comme le poète et le naturaliste portent un regard différent sur les choses !

Prenez un conseiller municipal de Nouvelle-Angleterre, installez-le sur la plus haute de nos collines et dites-lui de regarder – en affûtant sa vue autant que possible et en lui faisant chausser les lunettes qui lui vont le mieux (en ayant même recours, si besoin est, à une longue-vue) – et de vous faire un compte rendu détaillé. Que va-t-il *découvrir* ? Que va-t-il *choisir* de voir ? Bien sûr, il verra un spectre de Brocken[41] de lui-même.

41. Le spectre de Brocken – du nom d'un sommet montagneux au nord de l'Allemagne où ce phénomène a été observé et décrit – est formé par la diffusion de la lumière à travers les gouttelettes qui constituent le brouillard.

Il verra au moins plusieurs salles de réunions communales, et se rendra peut-être compte que quelqu'un devrait être davantage imposé étant donné qu'il possède une si belle parcelle de bois. À présent, prenez Jules César, Emanuel Swedenborg[42] ou un habitant des îles Fidji, et amenez-le là-haut. Ou bien imaginez-les tous ensemble et comparez ensuite leurs notes. Pourra-t-on en déduire qu'ils ont contemplé le même paysage ? Chacun aura vu quelque chose de différent comme Rome pouvait l'être du paradis et de l'enfer, et le purgatoire des îles Fidji. Nous ignorons en réalité que l'un ou l'autre de ces hommes est toujours présent à nos côtés.

Il faut un bon tireur pour abattre un gibier aussi ordinaire que bécasses et bécassines : il doit très bien viser et savoir ce qu'il vise. Il aurait très peu de chances d'en tuer une s'il tirait en l'air au hasard, après avoir appris qu'un vol de bécassines était en train de passer par là. C'est la même chose pour celui qui vise la beauté : s'il attend que le ciel lui tombe dessus, s'il ne connaît pas au préalable sa saison, ses lieux de prédilection et la couleur de ses ailes – s'il n'en a pas rêvé, s'il n'a pas pu aller *au-devant* d'elle –, il rentrera bredouille. Alors seulement il pourra la lever et

42. Emanuel Swedenborg (1688-1772), scientifique, théologien et philosophe suédois, auteur de *Diarium spirituale* (1747-1763), *Arcana caelestia* (1749-1756) ou bien encore de *De telluribus* (1758).

faire coup double à chaque pas, même dans les champs de maïs. Celui qui s'adonne à ce sport s'entraîne, s'habille, observe inlassablement, charge et amorce en fonction de ce qu'il chasse. Il récite des prières, fait des sacrifices et finit par réussir. Au terme de longs préparatifs, après avoir exercé son regard et son adresse, en avoir rêvé les yeux ouverts ou fermés, muni de son fusil, de sa pagaie et de sa barque, il part en chasse de ces butors d'Amérique que la plupart de ses concitoyens n'ont jamais vus ni même imaginés. Et il rame durant des miles, contre le vent chaud, marche dans la rivière avec de l'eau jusqu'aux genoux, reste dehors toute la journée sans dîner et c'est *comme cela* qu'il les attrape. Il les avait déjà à moitié dans sa gibecière quand il s'est mis en route et n'avait plus qu'à les pousser au fond. Le vrai chasseur peut vous tuer n'importe quel gibier de sa fenêtre : pour quelle autre raison aurait-il des fenêtres ou des yeux ? Il vient et finit par se percher sur le canon de son fusil, mais le reste du monde ne l'a jamais vu *avec ses plumes*. Les oies volent juste sous son zénith et cacardent au moment où elles passent, si bien qu'il ne lui reste plus qu'à tirer par son conduit de cheminée. Vingt rats musqués se seront fait prendre à l'un de ses pièges avant même qu'ils n'aient eu le temps d'être vidés. Pour peu qu'il vive et que son amour de la chasse ne cesse d'augmenter, ciel et terre viendront à lui manquer bien avant le gibier. Et, quand il mourra, il trouvera un terrain de chasse plus grand et sans doute plus heureux. Le pêcheur aussi rêve du poisson, il voit un bouchon danser dans ses rêves, jusqu'à pratiquement l'attraper au robinet de son évier. Je connaissais une fille que l'on avait envoyée cueillir des airelles et qui rapporta un plein panier de groseilles à maquereau qu'elle avait trouvées à un endroit inconnu de tous les autres, parce qu'elle avait l'habitude d'en cueillir dans le coin d'où elle venait. L'astronome sait où se trouvent les étoiles et il peut clairement en voir une mentalement avant que quiconque ne puisse la voir avec une lunette. La poule gratte le sol et trouve sa nourriture à l'endroit même où elle est, mais ce n'est pas le cas du faucon.

Ces feuilles aux couleurs vives dont j'ai parlé ne sont pas l'exception mais la règle ; car je crois que toutes les feuilles, et même les herbes et les mousses, arborent des couleurs vives juste avant leur chute. Quand vous vous mettez à observer attentivement les changements qui s'opèrent dans la plus humble des plantes, vous vous rendez compte, tôt ou tard, que chacune possède sa teinte automnale particulière. Et si vous vous décidiez à dresser une liste complète de ces tons vifs, elle s'avérerait presque aussi longue que la flore de votre région.

De Zénon à Kerouac

Parce qu'il cherchait davantage à vivre en philosophe qu'à théoriser sa propre démarche philosophique, Henry David Thoreau (1817-1862) la qualifiait volontiers de « naturelle et mystique ». En d'autres termes, elle s'inscrivait pleinement dans la lignée des préceptes stoïciens de Zénon de Citium (vers 335 – 262 avant J.-C.) et préfigurait la quête de l'illumination intérieure d'un Jack Kerouac (1922-1969). De fait, au regard de son parcours, Thoreau ne semble avoir eu de cesse de se conformer à l'éthique stoïcienne qui fixait pour règle son fameux *sequi naturam* – « suivre la nature » – afin d'atteindre à l'*eudémonie*, ce bonheur qui dépend de notre capacité à coïncider avec le cœur du monde, ce que, en bon disciple de Ralph Waldo Emerson, l'auteur de *Walden, ou la vie dans les bois* appelait une « vie transcendantale dans la nature ». Cette résonance avec l'Univers lui permet de découvrir ce qu'il désigne comme des Lois supérieures – celles-là mêmes sur lesquelles il forgera l'idée de *désobéissance civile* de l'individu face aux lois des hommes. Dans la lignée d'un Emerson qui, avec *Nature* (1836) et « L'intellectuel américain » (1837), avait proposé une véritable déclaration d'indépendance intellectuelle en célébrant l'individualisme, Thoreau avait décidé d'aller vivre seul dans les bois, après avoir construit une cabane au bord de l'étang de Walden, où il s'installa pour deux ans (1845-1847). Ce geste symbolique qui « reprend à son compte le mythe du pionnier indépendant vivant au contact de la nature »[1], repose sur le principe central de « *at-homeness* », façon d'être dans le monde et au monde, l'identité se renforçant au contact de la Nature puisque, selon le credo transcendantal, il existe des correspondances entre l'âme humaine et ce que Emerson appelle la « Surâme » immanente des phénomènes naturels. Cohérence avec soi et accord avec la Nature qui fondaient déjà l'éthique stoïcienne, en faisant prendre conscience à l'individu de son inscription dans le monde.

Si Thoreau ne semble jamais avoir explicitement évoqué Zénon et son école, l'influence de la pensée stoïcienne n'en est pas moins indéniable dans son œuvre et dans sa réflexion, héritée d'une longue tradition. En effet, à son origine, le christianisme, au moment de se constituer une dogmatique, s'est fortement inspiré de la morale du stoïcisme – tout comme il a fait de larges emprunts à la métaphysique du platonisme. Si la doctrine stoïcienne s'est trouvée ainsi reléguée aux oubliettes à mesure que l'emprise du christianisme s'étendait, c'est sans aucun doute à cause de son caractère au prime abord panthéiste, qui considérait le Monde comme un grand être animé (*zoôn*) doté d'une âme (*aethô*). Mais cette vision réductrice de la philosophie définie par Zénon et ses épigones, écarte l'un de ses fondements emprunté en droite ligne à Aristote : le *dualisme*, qui distinguait la matière (*hylè*) et la raison génératrice (*logos spermatikos*), appelée aussi *physis* ou nature. C'est de l'union de ces deux principes, l'un passif, l'autre actif, que naît le monde ; tout comme les idées trouvent leur source dans les sens.

C'est le même dualisme que l'on retrouve dans la philosophie transcendantaliste qui, en établissant des « correspondances » entre l'esprit humain et la Nature, « prédispose à une attitude d'observation et d'interprétation symbolique »[2] adoptée intuitivement par Thoreau. Il est important de rappeler que le transcendantalisme n'est pas tant une réaction au puritanisme, qui n'imprégnait plus que de façon diffuse la mentalité de la Nouvelle-Angleterre, qu'à l'unitarisme, religion plus simple et tolérante, influencée par l'esprit des Lumières. Emerson était de ces jeunes pasteurs qui, refusant de professer cette religion qu'ils jugeaient superficielle et appauvrie, se mirent à contester sans nuance l'Église unitarienne, en prônant des principes authentiques susceptibles de donner une direction à leur existence. Pour le poète Kenneth White, « c'est en quelque sorte à une "conscience première", débarrassée de toutes les couches secondaires (morales, sociales, religieuses, etc.), que le transcendantalisme veut atteindre, car tout, virtuellement, commence là, et tout peut recommencer là »[3]. De surcroît, la philosophie du transcendantalisme ne peut être parfaitement appréhendée si l'on occulte le contexte américain de l'époque, qui est celui d'une industrialisation forcenée, altérant, afin de la rendre économiquement rentable, la nature sauvage – cette *wild-*

ness si chère à Thoreau parce que, précisément, vierge de toute forme de socialisation, elle seule offre un espace de liberté et de libération.

Toute l'approche de ce « philosophe de la nature » tel que Thoreau se définissait lui-même, semble bel et bien s'inscrire d'une part dans cette démarche fondée sur une sorte de connaissance intuitive du monde qui l'entoure, renforcée par son intérêt prononcé pour la culture amérindienne dont il envisageait de rédiger l'histoire, et d'autre part, dans l'idée de rupture radicale avec le philistinisme et les institutions de son temps. L'*umbilicus mundi* qu'il va arpenter inlassablement tout au long de sa vie, ce sont les forêts de la Nouvelle-Angleterre qui vont lui permettre « d'analyser la relation mystérieuse entre soi et le non-humain, de mieux se comprendre par la médiation du milieu naturel »[4]. Toute son œuvre est construite autour de ce regard que l'esprit porte sur la nature et, par *réflexion*, sur lui-même. De ses escapades dans les parties les plus sauvages de la Nouvelle-Angleterre, encore préservées de toute influence humaine, seul ou accompagné, animé par une authentique curiosité de *naturaliste* et par la volonté d'aller à la rencontre des Indiens dont il sent *naturellement* proche, Thoreau tirera la matière de deux ouvrages qui ne paraîtront qu'après sa mort, *The Maine Woods* (1864) et *Cape Cod* (1864)[5]. Mais c'est surtout son *Journal* qui constitue la source de ses essais d'histoire naturelle, regroupés un an après sa mort par sa sœur Sophie en un volume, *Excursions* (1863), parmi lesquels figurent cette « Promenade d'hiver » et ces « Couleurs d'automne »[6].

Ces deux textes sont, en effet, littéralement nourris des impressions ressenties et des détails observés au cours de ses excursions, consignés fidèlement, scrupuleusement dans les quarante-sept cahiers de son journal, qu'il définit lui-même comme « un journal météorologique de l'esprit » (19 août 1851). Pour lui, de même que l'histoire d'un champ ou d'une forêt est scandée par la succession itérative des saisons, il existe des phases de transition et des rythmes qui structurent la vie de l'esprit. Ce n'est d'ailleurs pas un hasard si c'est aux saisons souvent considérées comme celles du déclin de la nature que Thoreau a consacré ces deux textes qui, bien qu'écrits à seize ans d'intervalle, semblent se répondre et se prolonger. À ses yeux, elles sont riches de promesses et de possibilités : « Nous devons beaucoup à ces saisons de transition, à ces états de l'atmosphère, qui nous présentent des phénomènes qui ne se trouvent pas dans les étés [...] de quelque climat que ce soit », écrivait-il dans son *Journal*, le 11 novembre 1851.

Pour ce fervent lecteur de la *Bhagavad-Gîtâ*, toute « heure crépusculaire » est propice à la méditation. Il y a, de fait, quelque chose de très oriental dans cette joie contemplative que Thoreau a pratiquée dans sa retraite de Walden, dans les bois qu'il arpente ou lors de ses excursions dans les forêts du Maine, les White Mountains ou Cap Cod, et qui, par une sorte de désapprentissage volontaire des codes socio-culturels, permet de retrouver le rythme originel et immuable du cosmos. Car pour Thoreau, l'univers vibre en l'homme. Et l'installation à Walden ne visait pas tant à quitter un monde qu'à en inventer un autre où l'individu peut à nouveau librement cheminer, hors de tout cadre organisé et codifié, comme il le note dans son journal le 3 janvier 1853 : « J'aime la nature en partie *parce qu'elle* n'est pas l'homme, mais qu'elle permet de lui échapper. Aucune de ses institutions ne la contrôle ni ne s'y infiltre. [...] L'homme est contrainte, la nature est liberté pour moi. [...] Aucune des joies qu'elle offre n'est sujette à nos règles et à nos définitions. »

Cette *vie dans les bois* qu'il a adoptée et qui visait à le purger d'un excès de civilisation, fut en somme une tentative de *naturalisation* de l'esprit, censée lui prodiguer ce que Sénèque appelait l'*euthymia* – ou « bien-être de l'âme » – à laquelle il refusait d'accorder une dimension métaphysique ou religieuse, et qu'il préférait qualifier, faute de mieux, de « mythologique ». Quelque chose qui pourrait s'apparenter au *satori* recherché par Jack Kerouac à travers une expérience similaire, un siècle plus tard, et décrit dans son roman *Les Clochards célestes* : « Parfois, dans les bois, je m'asseyais et contemplais les choses en elles-mêmes, essayant de deviner le secret de leur existence.[7] » On peut être tenté d'y voir un écho de ce que Thoreau écrivait dans son journal, à la date du 18 avril 1852 : « Pourquoi précisément ces spectacles et ces sons accompagnent-ils notre vie ? Pourquoi devrais-je entendre la jacasserie des merles ? Pourquoi sentir la mouffette chaque année ? J'explorerais volontiers la mystérieuse relation entre moi-même et ces choses. Je saurais au moins ce qu'elles sont inéluctablement. »

De fait, Kerouac qui fut l'un des plus célèbres représentants de ce que l'on a appelé la *Beat Generation*, ce groupe d'écrivains et de poètes américains, bohêmes, nomades et désargentés, en bute avec toutes les conventions, avait été profondément influencé par les textes sacrés du bouddhisme et de l'hindouisme, auxquels il avait été initié, précisément, par sa lecture fervente de Thoreau. D'ailleurs, c'est à la suite de l'excursion qu'il fit sur Matterhorn Peak en Californie, en compagnie du poète Gary Snyder, adepte d'un retour à la vie simple et du bouddhisme zen – excursion dont le récit constitue l'un des pivots des *Clochards célestes* – que Kerouac décida d'aller vivre seul, en travaillant comme garde forestier, sur le Pic de la Désolation, dans les Hozomeen Mountains. De cette expérience essentielle, il dira : « Quand j'atteignis le détour du sentier où la cabane allait disparaître et où j'allais plonger jusqu'au lac pour reprendre le bateau qui me ramènerait chez moi, je me retournai et bénis le pic de la Désolation et la petite pagode du sommet, je les remerciai de l'abri et de la leçon qu'ils m'avaient donnés.[8] »

Comment ne pas songer au séjour de Thoreau à Walden Pond et à cet aveu : « Je suis allé dans les bois parce que je voulais vivre avec mesure, pour n'affronter que les faits essentiels de la vie et voir si je ne pouvais pas apprendre ce qu'elle avait à enseigner et non, quand je viendrai à mourir, découvrir que je n'avais pas vécu. »

C'est là tout l'esprit du *nature writing* – les *Feuilles d'herbe* de Walt Whitman avaient paru en 1855 – dont Thoreau reste le précurseur et l'un des maîtres incontestables puisque, contrairement à nombre de ses contemporains transcendantalistes, il ne se contentait pas d'admirer la Nature : il la parcourait. Ce qui lui a permis non pas d'écrire *sur* la nature, mais *depuis* la nature.

Thierry Gillybœuf

Notes

1. Michel Granger, « Gestes spectaculaires, texte vécu », préface à Henry David Thoreau, *Désobéir*, textes réunis et présentés par Michel Granger, traduit de l'américain par Sophie Rochefort-Guillouet et Alain Suberchicot, Cahier de l'Herne n°65, éditions de l'Herne, 1994, p. 35.
2. Michel Granger, *Henry David Thoreau*, Belin « Voix américaines », 1999, p. 17.
3. Kenneth White, dans sa présentation du texte de Henry David Thoreau, *Journal*, traduit par Régis Michaud et S. David, Les Presses d'aujourd'hui, 1981, p. 9.
4. Michel Granger, *Henry David Thoreau*, *op. cit.*, p. 76.
5. *Les Forêts du Maine*, traduit par André Fayot, José Corti, 2002 ; *Cap Cod*, présentation, traduction et notes par Pierre-Yves Pétillon, Imprimerie nationale, 2000.
6. « *A Winter Walk* », *The Dial*, 1846 ; « *Autumnal Tints* », *The Atlantic Monthly*, 1862.
7. Jack Kerouac, *Les Clochards célestes*, traduit de l'anglais par Marc Saporta, Gallimard « Folio », 2002, p. 224.
8. Jack Kerouac, *Le Vagabond solitaire*, traduit de l'anglais par Jean Autret, Gallimard, 1969, p. 206.

Vie de Henry David Thoreau

1812. John Thoreau (1787-1859) épouse Cynthia Dunbar (1787-1872), fille du colonel Elisha Jones, riche propriétaire, possesseur d'esclaves, dont les quatorze fils se battirent du côté des Anglais pendant la Révolution.

1817. Naissance de David Henry Thoreau à Concord le 12 juillet (il intervertira ses prénoms en 1837).

1818. L'Illinois est admis dans l'Union qui compte maintenant onze États esclavagistes et onze États libres. La famille Thoreau s'installe à Chelmsford, Massachusetts, où le père transfère son commerce.

1820. L'admission prochaine du Missouri dans l'Union menace d'installer à la Chambre des représentants une majorité esclavagiste ; vote d'un compromis autorisant l'esclavage au sud de 36° 30' de latitude.

1821. Le Missouri entre dans l'Union. La famille Thoreau s'installe à Boston où Henry David commence à aller en classe à l'âge de cinq ans.

1822. En visite chez sa grand-mère à Walden, il découvre l'étang de Men.

1823. James Monroe formule sa célèbre doctrine, l'Amérique aux Américains.

1826. James Fenimore Cooper publie *Le Dernier des Mohicans.*

1828. Henry David et son frère aîné John entrent à l'Académie de Concord, nouvel établissement qui prépare à l'Université. Ils y apprennent le latin, le grec, le français.

1831. Insurrection d'esclaves en Virginie. Fondation du journal abolitionniste *The Liberator.*

1833. Abolition de l'esclavage dans tout l'Empire britannique. Henry David entre à l'université Harvard où il bénéficie d'une bourse.

1834. Ralph Waldo Emerson revient de son voyage en Europe et s'installe à Concord.

1835. Thoreau découvre le transcendantalisme.

1836. Massacre de Fort-Alamo. Emerson publie *Nature,* qui devient la bible du transcendantalisme.

1837. Thoreau est diplômé d'Harvard. Il prononce à cette occasion un discours qui contient l'essentiel de son attitude de rebelle vis-à-vis de la société. Il commence le journal qu'il poursuivra toute sa vie. La belle-sœur d'Emerson le présente au grand homme. Thoreau, engagé comme professeur à l'école publique de Concord, donne sa démission au bout d'une semaine : il refuse les punitions corporelles.

1838. Henry David ouvre avec son frère John une école privée chez lui.

1840-1842. Thoreau collabore à la revue transcendantaliste *The Dial.*

1842. John Thoreau meurt du tétanos le 12 janvier.

1844. Thoreau entreprend la lecture de la *Bhagavad-Gitâ.*

1845. Il décide d'aller vivre seul dans les bois. Avec l'aide d'Emerson et d'autres amis, il construit une cabane en bois de pin au bord de l'étang de Walden et s'y installe le 4 juillet.

1846. Guerre du Mexique. Thoreau passe une nuit en prison pour refus de payer ses impôts à un État qui admet l'esclavage et fait la guerre au Mexique.

1847. Thoreau quitte sa cabane.

1849. Helen, la sœur de Thoreau, meurt de tuberculose. Publication de *La Désobéissance civile.*

1851. Parution de *Moby Dick,* d'Herman Melville.

1853. Thoreau aide fréquemment des esclaves à fuir vers le Canada.

1854. Il remet enfin la septième version de *Walden* à l'excellent éditeur Tichnor and Fields ; l'ouvrage suscite l'admiration.

1855. Première édition de *Feuilles d'herbe* de Walt Whitman.

1859. Insurrection de John Brown. Thoreau prononce un *Plaidoyer pour John Brown* à Concord, puis à Boston et à Worcester.

1860. La Caroline du Sud fait sécession.

1861. Début de la guerre de Sécession.

1862. Lincoln recrute des volontaires. Le 6 mai, Henry David Thoreau meurt.

1906. Première publication de ses œuvres complètes en vingt et un volumes.

(Chronologie établie
d'après le travail de Laurence Vernet
pour la revue *Europe,* juillet-août 1967.)

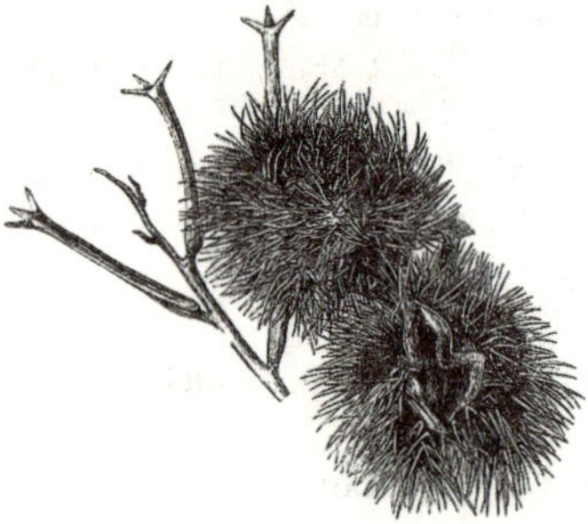

Repères bibliographiques

Œuvres de Henry David Thoreau

- *Balades*, La Table ronde, 1995.
- *La Désobéissance civile*, Mille et une nuits, 1999.
- *De la marche*, Mille et une nuits, 2003.
- *Journal*, extraits traduits par R. Michaud et S. David, Les Presses d'aujourd'hui, 1981.
- *La Moëlle de la vie. 500 aphorismes*, Mille et une nuits, 2006.
- *Le Paradis à (re)conquérir*, Mille et une nuits, 2005.
- *La Vie sans principe*, Mille et une nuits, 2004.
- *Walden ou la vie dans les bois*, traduit par Germaine Landré-Augier, Aubier, 1982.

Études sur Henry David Thoreau

- Granger (Michel), *Henry David Thoreau, Narcisse à Walden*, Presses universitaires de Lyon, 1991.
- « La Nouvelle Angleterre », *in Critique*, vol. 541-542, Éditions de Minuit, 1992.

La Petite Collection (extrait du catalogue) 498. Alain CRÉHANGE, *L'Anarchiviste et le Biblioteckel. Dictionnaire de mots-valises.* 499. Arthur SCHOPENHAUER, *Au-delà de la philosophie universitaire.* 500. Henry David THOREAU, *La Moelle de la vie. 500 aphorismes.* 501. Jérôme LEROY, *Rêve de cristal : Arques, 2064.* 502. Patrick BESSON, *L'Orgie échevelée.* 503. Paul CÉZANNE, *La Peinture couillarde. Propos choisis.* 504. Léon PINSKER, *Autoémancipation ! Avertissement d'un Juif russe à ses frères.* 505. Claude CAHUN, *Héroïnes.* 506. VOLTAIRE, *Le Fanatisme ou Mahomet le Prophète.* 507. Philarète CHASLES, *Vie de Daniel Defoe.* 508. Emmanuel KANT–Moses MENDELSSOHN, *Qu'est-ce que les Lumières ?* 509. Henry David THOREAU, *De l'esclavage. Plaidoyer pour John Brown.* 510. VOLTAIRE, *Histoire des croisades.* 511. Patrick BESSON, *La Titanic.* 512. Michel CHEVALIER, *Système de la Méditerranée.* 513. Ambroise VOLLARD, *Le Père Ubu à la guerre.* 514. Car von CLAUSEWITZ, *Principes fondamentaux de stratégie militaire.* 515. Frédéric PAGÈS, *Philosopher ou l'art de clouer le bec aux femmes.* 516. Johann Gottlieb FICHTE, *De la liberté de penser.* 517. Victor HUGO, *Lettres à Léonie.* 518. Jean JAURÈS, *Il faut sauver les Arméniens.* 519. Alfred JARRY, *L'Amour en visites.* 520. Ernest FEYDEAU, *Souvenirs d'une cocodette, écrits par elle-même.* 521. Sylvie TESTUD, *Gamines (théâtre).* 522. Sylvain MARÉCHAL, *Projet d'une loi portant défense d'apprendre à lire aux femmes.* 523. Joris-Karl HUYSMANS, *Gilles de Rais.* 524. Michel FRIEDMAN, *Mythologies du vocabulaire.* 525. Lord CHESTERFIELD, *Conseils à mon fils. Choix de lettres.* 526. Karl MARX, *La Guerre civile en France.* 527. Jean-Baptiste BOTUL, *La Métaphysique du Mou.* 528. Denis Diderot, *Pour une morale de l'athéisme. Entretien d'un philosophe avec la maréchale de ***.* 529. Henry David Thoreau, *Balade d'hiver – Couleurs d'automne.* 530. Damouré Zika, *Journal de route.* 531. Sébastien Bailly, *Le Meilleur de l'absurde.*

Pour chaque titre, le texte intégral, une postface, la vie de l'auteur et une bibliographie.

49.2768.01.7
N° d'édition : 89703
Achevé d'imprimer en août 2007
par Liber Duplex (Barcelone, Espagne).

Pour l'éditeur, le principe est d'utiliser des papiers composés de fibres naturelles, renouvelables, recyclables et fabriquées partir de bois issus de forêts qui adoptent un système d'aménagement durable. En outre, l'éditeur attend de ses fournisseurs de papier qu'ils s'inscrivent dans une démarche de certification environnementale reconnue.